**당신의 삶을
최대화하라!**

# MAXIMIZE
# Your Life
# 당신의 삶을
# 최대화하라!

**아가르왈 판카즈** 지음

한스컨텐츠

# 기술은 더 겸손히
# 사람을 향해야 한다

## 인도, 삼성, 하버드 그리고 한국

삼성 입사를 결정하고 서울로 향하는 비행기 안. 수많은 생각이 머리를 스쳤다. 나는 인도 북부의 빈곤한 시골 마을에서 나고 자랐다. 그곳에서 공부에만 매진했다. 공부란 나에게 주어진 유일한 환경이었다. 책을 펼쳐서 읽을 수 있는 곳이라면 어디서든, 어떤 상황이든 흔들림 없이 열중하였다. 지금 돌이켜보면 그 열악했던 여건에서 어떻게 공부했는지, 신기한 생각이 들기도 한다. 그리고 인도공과대학교Indian Institute of Technology, IIT에 진학했다. 1,300 대 1이 넘는 경쟁률에도 주눅 들지 않았다.

삼성전자 취업에는 뜻밖의 난관이 생겼다. 예정된 비행기를 놓쳐서 제시간에 면접 장소로 가지 못했다. 우여곡절

끝에 다른 비행기를 타고 면접을 본 후 기회를 잡을 수 있었다. 그렇게 삼성전자라는 초일류 기업에 취업했다. 회사의 배려로 서울대학교 대학원과 하버드 비즈니스스쿨에서 지식의 지평을 넓힐 수 있었다. 인적 네트워크를 통해 행운의 기회도 여러 차례 누렸다.

그렇지만 이 모든 과정이 녹록하지는 않았다. 삼성전자에서 개발자로 시작해 미래혁신매니저, 기술전략매니저, 크리에이티브리더를 거쳐 스타트업 창업자라는 책임을 부여받았는데, 직급별로 다른 안목과 능력이 필요했다. 그리고 그때마다 '불확실성'과 싸워야 했다. 두려움을 느끼거나 뒤로 물러설 틈이 없었다. 늘 그 싸움의 맨 앞에 섰다. 마술 같은 상상력과 열정이 때로는 비상구가 되고 때로는 나침반이 되어 예측 불가능했던 상황에서 길을 열어주었다.

내가 경험한 초일류 기업은 총성 없는 전쟁터 한가운데 있었다. '초일류'가 눈앞에 펼쳐진 적진에 맞서 어떻게 싸우는지를 현장에서 직접 보고 생생하게 느끼며 배워야 했다. 첨단 IT 기술 개발이 긴박하게 이루어지는 현장에서 삼성이라는 초일류 기업은 경영의 롤모델이자 교과서가 되었다. 실용적 기술들도 많이 축적했다. 미국, 스위스, 독일, 인도, 한국에서 근무하면서 다양한 문화와 환경 또한 풍부하게 접했다.

이 모든 게 기회요 도전이었다. 때로는 큰 바람같이 느껴

졌다. 어쩌면 인도 북부 시골 마을 출신의 내 운명에는 예정
되지 않은, 생소하고 버겁고 강력한 것들이었다. 하지만 나
는 주저하지 않았고 받아들였다. 그럼으로써 내 삶을 극대
화하였다. 짧다면 짧은 그동안을 회고하며 바람개비를 떠올
리곤 한다. 강한 바람 앞에서 더 잘 돌아가는 바람개비 말

**인도의 평범한 공립학교 모습. 나 역시 이런 환경에서 공부했다.**

이다.

모진 바람이 불면 내 도전의 바람개비는 더 힘차게 돌아갔다. 더 큰 파도가 몰려올 때면 파도에 올라탔다. 그렇지만 풍랑에 묻혀 길을 잃지는 않았다. 칠흑 같은 어둠 속에서도 북극성처럼 내 길을 안내하며 이끌어준 것들이 있었기 때문이다. 내 삶의 가치와 우선순위, 열정과 신뢰였다. 이것만큼은 결코 양보하지 않았다. 건강, 가족, 일이라는 우선순위를 지켜왔으며 엔지니어이자 개발자로서 미래 세대를 위한 유산을 남기겠다는 사명감과 열정을 부여잡고 살아왔다.

## 비전과 사명을 현실로

"가난한 아이들이 꿈과 비전을 품고 자신들의 삶과 가능성을 최대화하는 데 기술로 기여하는 방법은 무엇인가?"

엔지니어로서 연구하고 개발하며 수없이 스스로 던진 질문이다. 또한, 이 질문이 내 사명이며 열정의 원천이 되었다.

이 질문을 심중에 깊이 품게 된 것은 나의 개인적 상황에 기인한다. 어린 시절 공부하던 학교 환경이 열악하기 그지없었기 때문이다. 책걸상도 없이 맨바닥에서 꿇어앉아 책 한 권 펼쳐놓고 배우는 곳이었다. 전기가 들어오지 않는 곳도 있었다. TV나 빔프로젝터, 인터넷은 생각조차 할 수 없었다.

이런 학교들의 가장 큰 문제는 제대로 된 교육을 할 수 없다는 것이었다. 학생 수는 정말 많은 반면, 교사 수는 턱없이 부족했다. 교육 시스템도 미비하니 학생들의 진학률도 떨어졌다. 이런 기반에서는 교육 격차가 크게 발생하고 그것은 늘 불평등으로 이어졌다. 그런데 그것을 당연히 여기는 사람도 많았다.

교육 격차는 아이들에게 주어진 소중한 기회를 박탈하는 것이다. 교육 불평등은 빈곤의 대물림을 만드는 심각한 문제였다. 나는 그나마 운이 좋아서 공부를 통해 인도공과대학교를 거쳐 삼성이라는 초일류 기업에서 일할 기회를 얻었다. 그러나 세계 수많은 국가에서 교육 불평등은 빈곤을 대물림하는 원인이 되고 있다. 그래서 내 마음 한편에는 '교육'에 대한 문제를 기술로 해결하고 싶다는 열정이 살아 숨쉬고 있었던 것이다.

나는 엔지니어이자 개발자이기에, 창의적인 아이디어를 내고 기술을 효과적으로 활용하면 교육 격차와 교실에서 발생하는 불평등만큼은 해결할 수 있을 것이라는 막연한 기대를 품고 살았다. 그러다 그 꿈은 덜컥 현실이 되었다. 삼성전자에서 스마트 태그 시스템을 장난감이나 교구 등 놀이나 교육 분야에 적용하는 방안을 연구하다가 사내 벤처 프로그램인 C랩에 선발된 것이다.

열악한 교실에서 발생하는 교육 격차를 해결할 방법을 궁리해온 나는 학생들에게는 몰입과 참여를 유도하면서 교사들에게는 효율적인 학습 도구를 제공하는 연구를 진행해왔는데, 이 연구는 2017년 태그하이브TAGHIVE라는 에듀테크 회사의 스타트업 창업으로 이어졌다. 그것도 초일류 삼성의 투자를 받아서 말이다.

교육 격차를 줄이는 기술 개발에 매달려온 나에게는 선결 과제가 있었다. 그 기술이 열악한 환경에서 활용 가능해야 한다는 것이다. 즉, 심각한 교육 격차는 대개 열악한 상

**우리의 교육 및 학습 도구를 적용한 인도 교실**

황에서 비롯되는데, 그것을 고려하지 않고 화려한 기술만 구현한다면 이것은 무용지물이 될 것이다.

"가장 열악한 곳에서 통하는 기술은 무엇일까?"

이것이 나를 움직인 두 번째 질문이었다. 전기와 인터넷이 없는 환경에서도 효과적으로 작동하는 교육과 학습 도구 개발. 나는 여기에 혼신의 힘을 쏟았고 그 결과 세계 최초로 인터넷과 전기 없이 스마트폰과 연동한 클리커Clicker(클리커는 바로 피드백을 제공하는 손에 들고 사용하는 장치로, 정확한 행동이나 반응을 강화하기 위해 교육이나 훈련에 자주 사용되는 장치)를 활용한 양방향 수업 참여 플랫폼을 만들어냈다.

지금 인도에서 '스마트 교실' 같은 것은 먼 나라 이야기일 뿐이다. 전기도 인터넷도 없는 열악한 교실 환경이기 때문이다. 70퍼센트(1억 6,000만 명) 이상의 가난한 학생들은 이런 환경에서 공부한다. 그렇기에 이러한 환경에서도 구동되는 도구가 필요하다. 우리가 개발한 클리커는 학생들의 몰입과 참여를 유도하는 교실 혁신 플랫폼으로 기능한다. 그리고 교사들에게는 열악한 환경에서도 효율적으로 가르칠 수 있는 도구로 자리매김하고 있다.

인공지능(AI)을 기반으로 한 클리커는 인도의 가난한 70퍼센트 학생들의 교육 격차 해소를 위해 먼저 보급되었다. 따라서 공립학교에서 먼저 활용되기 시작했다. 그리고 부유한 사립학교에도 보급이 늘어나고 있다. 이와 더불어 청

각장애인을 비롯한 장애 학생들을 위한 교육으로 확장하고 있다. 토론, 게임, 공동 프로젝트와 같은 맞춤형 콘텐츠를 제작해 효과적인 교육 서비스를 제공할 계획이다.

## 한국 내 1호 인도인 CEO

오랫동안 몸담았던 삼성을 떠나 스타트업 태그하이브 경영자로서의 길을 걷기 시작한 지 6년이 되어간다. 그동안 나의 고향 같은 삼성에서 배운 초일류의 법칙들은 태그하이브에도 어김없이 적용되고 있다.

엔지니어, 개발자, 팀 리더, 그리고 회사 대표로 눈코 뜰 새 없이 바쁜 생활이 이어지는 와중에 내 삶과 사명, 열정, 아이디어, 기술 등을 정리해보고 싶은 생각이 들었다. 빠듯하게 꽉 짜인 내 생활은 십수 년간 엑셀 파일에 기록되어 있다. 여기서 조각조각을 모았다. 중요한 생각들과 메모를 추려내었고, 틈을 내어 나를 돌아보는 시간을 가지면서 영어와 한국어로 원고를 정리하였다.

이 작업은 국적이나 직업을 떠나 세계인으로서, 엔지니어, 창업자 그리고 마술사(창의적인 방법으로 환상적인 결과를 불러온다는 점에서 스스로를 마술사로 정의하곤 한다)로서 판카즈 나 자신을 돌아보는 계기가 되었다. 또한, 다가올 미래를 내 과거에 비춰볼 수 있었다.

나는 '한국 내 최초의 인도인 CEO'라는 타이틀을 가지고 있다. 어떤 점에서는 독특한 정체성을 지닌 사람이라는 셈인데, 그런 나는 보통의 한국인 경영자들과는 조금은 다르게 보고 다르게 생각하고 다르게 이야기할 수 있지 않을까 생각한다.

이 책은 6개 장에서 26가지의 세부적인 주제를 다룬다. 초일류에 대한 경험과 생각, 경영자로서의 가치와 비전, 내가 몇 차례 강의한 주제인 〈Maximize Your Life〉 등을 기록하였다. 그리고 인도, 한국, 스위스, 독일, 미국에서 공부하고 조직 생활을 하면서 겪었던 이야기와 깨달은 점들도 함께 모아놓았다.

특히 나는 〈Maximize Your LifeMYL〉라는 주제로 대학과 경영대학원, 기업에서 강의할 기회가 많았다. 책에는 이 강의의 내용도 담았지만, 강의 과정에서 받은 수많은 피드백도 담아냈다. 상호작용으로 만들어졌기에 스타트업 창업자, 청년들, 경영자들에게 인사이트를 줄 수 있으리라 믿는다.

간절히 바라는 점은, 무한한 잠재력을 지닌 학생들과 젊은 청년들이 자기 인생을 최대화하고자 하는 열망을 갖는 것이다. 이 책이 젊은이들에게 동기를 부여하고 영감과 통찰을 주고, 그들을 성취의 길로 이끄는 안내자가 된다면 더할 나위 없는 행복을 느낄 것이다.

이 책을 가장 먼저 나의 할아버지께 바친다. 할아버지는 부모님이 반대하는데도 시골 출신의 나를 교육하고자 결단하고 이를 실행에 옮겼다. 다음으로는 내 아버지에게 바친다. 아버지는 "월급을 받는 것의 10배 이상 일하라"고 나를 가르쳤다. 지금 생각해보면 할아버지를 통해 내 삶의 가능성을 최대화할 수 있었으며, 아버지의 조언을 통해 경영자 관점에서 생각하고 행동할 수 있게 되었다. 2년 전 하늘로 돌아가신 사랑하는 어머니에게도 이 책을 바친다. 인도에 있는 형제자매들, 한국에서 늘 나를 지켜주는 아내와 자녀에게 고마운 마음을 전한다.

그리고 서로에 대한 신뢰와 존중, 성실함으로 묵묵히 자리를 지키며 우리가 가진 기술이 사람과 미래를 향해 흐를 수 있도록 겸손하게 책임을 다하고 있는 사랑하는 태그하이브 임직원분들에게도 머리 숙여 감사의 인사를 드린다.

서울, 문정동 태그하이브 본사에서

아가르왈 판카즈

# Contents

**Chapter 6**

# 사람과 미래를 향한 기술

# Chapter 1

**Zero to One에서
꿈꾸는 '초일류'**

MAXIMIZE
Your
Life

# 속도는 총알처럼,
# 효율은 전쟁처럼

## 속도와 효율

『이상한 나라의 앨리스』의 속편인 『거울 나라의 앨리스』에는 인상 깊은 장면이 나온다. 주인공 앨리스는 붉은 여왕과 함께 엄청난 속도로 달린다. 하지만 출발 장소를 맴돌 뿐이다. 열심히 달렸는데 그 자리라니, 앨리스는 몹시 당황한다. 그곳에서는 모든 사물이 달리기 때문에 죽어라 뛰어야 같은 장소에 머물 수 있다. 만약 다른 곳으로 가고 싶다면 최소한 두 배 이상 빨리 뛰어야 한다.

나는 붉은 여왕의 거울 나라 같은 곳을 실제로 경험하며 산다. 초일류를 향해 달리는 현장, 그중에서도 기술 개발 현장은 늘 속도전이 펼쳐진다. 그곳에서는 모두가 달린다. 달리지 않고 멈추어 있다면, 달리더라도 늦게 달린다면 뒤로 처진다. 모두가 질주하는 세상의 법칙은 그렇다. 조금이라도 느린 속도로 개발한다면 살아남을 수 없다.

기술 개발 현장에서는 속도와 효율에 모든 것을 건다. 급변하는 세계에서 기술 개발 현장은 전쟁터나 다름없다. 경쟁은 치열하고, 경주는 항상 계속된다. IT와 인공지능 산업은 특히 속도전이 치열하다. 매일 새로운 기술이 등장하고, 기업들은 게임에서 앞서기 위해 끊임없이 서로를 능가하려고 노력하고 있다. 스타트업 경영자에게 속도Speed는 생명과 같다. 경쟁력을 유지하기 위해 새로운 제품과 서비스를 신속하게 개발하고 출시할 수 있어야 하므로 빠르게 움직이는 능력은 스타트업의 성패를 좌우할 수 있다. 모두가 빨리 달리는 곳에서 느린 것은 경쟁력을 유지할 수 없다.

속도가 필수적이지만 효율성을 유지하는 것도 중요하다. 스타트업이 성공하기 위해서는 효율적으로 운영할 수 있어야 한다. 가용 자원을 최대한 활용하고 모든 프로세스가 최대 효율성을 위해 최적화되어야 한다. 가장 성공적인 스타트업은 높은 수준의 효율성을 유지하면서도 빠르게 움직일 수 있는 조직이다. 나는 스타트업 창업자로서 속도와 효율성의 균형을 맞추기 위해 애를 썼다. 비즈니스 정글에서 속도와 효율은 생명줄이나 다름없었다.

참여와 몰입을 이끄는 교육 혁신 플랫폼 '클래스 사티Class Saathi' 개발은 비즈니스 전쟁터에서 총알 같은 속도와 실

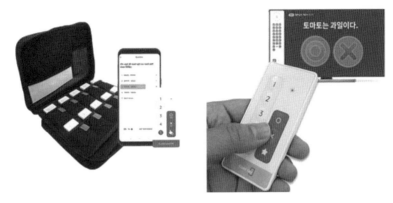

**수업용으로 개발된 스마트 교육 도구 클래스 사티**

행력을 유지하며 효율성을 높이는 데 집중한 결과라 할 수 있다.

클래스 사티는 교실을 뜻하는 영어 단어 'Class'와 친구, 동반자란 뜻의 인도어 'Saathi'의 합성어이다. '교실의 동반자'라는 의미를 지닌다. 이 기술의 핵심은 전기와 인터넷 공급이 충분하지 못한 열악한 공간에서 컴퓨터와 모바일을 함께 연동하여 학생들의 참여와 몰입을 유도하는 것이다. 세계 최초의 시도라 할 수 있는 이 기술은 교실에서의 교육 및 학습 효과를 높이는 데 목표를 두고 있다. 클래스 사티는 스마트폰과 리모컨으로 구성된 간단해 보이는 장치이지만, 학생들의 몰입과 피드백을 이끌어내는 데 매우 효과적이다. 한국국제협력단KOICA의 저소득층 학교를 위해 지원한 '기초 교육 분야 수업 지원 도구 개발 사업'의 하나이기도 하다.

클래스 사티가 어떻게 작동하는지 살펴보자. 교실 현장

에서 선생님이 학생 각각이 얼마나 수업 내용을 이해했는지 파악하지 못한다면 소외되는 학생이 생기게 된다. 그리고 교육 격차가 벌어진다. 선생님의 지시에 답하거나 발표를 위해 혹은 질문하기 위해 학생들은 주로 손을 든다. 그런데 이 과정에는 몇몇만 집중해서 참여한다. 클래스 사티는 이런 소외 현상을 줄이는 데 역점을 둔다. 작동 방식은 단순하다.

① 선생님이 교실에서 아이들에게 수업 내용을 설명한다.

② 학생들은 개인별로 받은 리모컨 같은 디바이스(클리커)를 이용하여 선생님의 질문 등에 대해 답한다. 클리커는 클래스 사티 디바이스를 지칭하는 기술적 용어인데, 학생들이 손가락으로 간단하게 클릭하여 수업에 참여할 수 있으므로 제품 개발 초기부터 클리커로 통칭하였다. 학생들이 답한 데이터는 스마트폰 앱에 수집되고 수치화되어 스크린에 표시된다. 학생들의 이해 정도를 교사가 실시간 파악할 수 있는 것이다.

③ 만약 교실 내 50퍼센트 이하가 이해했다면 선생님은 그 내용을 다시 가르쳐야 한다고 판단할 수 있다.

④ 학생이 개별적으로 이해를 했는지, 못 했는지도 파악할 수 있기에 개별 교육 계획도 세울 수 있다.

⑤ 교실 학생들이 100퍼센트 다 이해했다면, 다음 단계로 나아갈 수 있다.

클래스 사티 개발 과정은 평탄하지만은 않았다. 제한 조건 안에서 목표를 이루어야 했기 때문이다. 첫째, 교육 현장에 적용될 장비이기에 단순하고 쉬워야 했다. 전기 회로 장치를 연결하고 명령어를 입력시켜서 작동하는 방식이라면 교사나 학생들이 접근하는 데 장벽이 생긴다. 그러므로 최대한 간단해야 한다. 기술의 문턱이 낮을수록 좋다. 어린 학생들도 직관적으로 쓸 수 있도록 눈높이를 낮춰야 한다.

둘째, 전기와 인터넷이 없는 열악한 환경에서도 작동하는 플랫폼이어야 한다. 이를 위해 세계 최초로 개발된 기술을 적용해야 했다. 간단해 보이지만 무척 까다로웠다. 험난한 연구개발 끝에 수업 참여형 교육 혁신 플랫폼 클래스 사티가 완성되었다.

클래스 사티를 이용하는 학생들은 리모컨처럼 생긴 클리커로 O·X, 번호 입력 등 간단한 의사 표현을 할 수 있다. 교사는 학생들이 리모컨을 통해 입력한 반응을 스마트폰 앱으로 실시간 확인하며 수업의 난이도를 조절할 수 있다. 그리고 IT 기술을 활용하여 출석 체크와 다양한 방식의 퀴즈를 진행할 수 있도록 했다. 참여 교사와 학생들은 쌍방향 소통을 할 수 있어 클래스 사티의 만족도는 매우 높다. 특히 PC나 인터넷 등 별도 인프라 설치 없이 저가형 스마트폰만으로도 유사한 서비스 제공이 가능해 인도 저소득층 아이들의 기초 교육에 큰 도움을 준다.

매우 고무적인 실제 적용 결과도 나왔다. 인도 우타르프라데시Uttar Pradesh주에서 클래스 사티를 6개월간 수업에 적용했는데, 학업 성취도가 3배 향상되었으며, 출석률이 25퍼센트 높아졌다. 학생의 학습 참여율도 기존 50퍼센트에서 100퍼센트로 향상되었다. 단지 6개월의 수업 적용으로 교육 격차 해소의 가능성을 보였고, 이것이 통계 결과로 증명되어 나는 날아갈 듯이 기뻤다. 클래스 사티를 지속해서 사용할 수 있다면, 학생들은 열악한 환경에서도 효율성 높은 교육을 받을 수 있을 것이다.

2018년 당시 영부인 김정숙 여사가 나렌드라 모디Narendra Modi 인도 총리의 초청으로 인도를 방문한 적이 있다. 그때 뉴델리New Delhi ASN 종합학교를 방문해서 스마트 기기를 활용한 수업을 체험한 적이 있다. 이때 그 교실에서 사용된 것이 클래스 사티였다.

클래스 사티를 적용한 교실 혁신은 현재진행형이다. 우리 회사는 인도 하리야나Haryana주, 마하라슈트라Maharashtra주, 오리사Orissa주 KEF 산하 900개 학교에 학생들의 교육 환경 개선을 위한 가상 학습 시스템을 도입할 계획이다. 가상 학습 효율성과 학생 참여도를 높이기 위해 양해각서MOU를 체결했다.

클래스 사티는 2019년 한국 시장에도 소개돼 현재까지 1,500여 교실에 보급됐다. 그리고 인도 내 100만 개 공립학

**김정숙 전 영부인의 인도 방문 당시 클래스 사티 적용 교실을 둘러보았다.**

교를 대상으로 통합 학습 플랫폼을 구축하고 여기에 인공지능을 접목하고 있다. 데이터가 쌓이면 학습 예측과 학생들의 학업 성취도 분석을 더욱 세밀하게 진행할 수 있을 것이다.

나는 교육 현장에서의 '데이터' 축적을 매우 중요한 가치라 생각한다. 클래스 사티의 클리커를 통해 학생들의 학업 성취도 등 관련 데이터가 축적되면, 이를 기반으로 더 정교한 교육 환경을 만들고 교육 혁신에 속도를 붙일 수 있다. 이를테면 학생들이 어떤 문제를 맞히고 틀렸는지를 파악해 전반적인 교과 이해도를 관리자나 학부모가 알 수 있게 해주기 때문에 이용자가 늘어날수록 가치가 커질 것이다.

## 시대적 필요와 요구에 부합하는 속도와 효율

기술 개발 속도전 현장에서 최대한의 속도와 효율을 추구해야 하지만, 주변도 둘러보아야 한다. 홀로 너무 빨리 가서도, 너무 늦게 가서도 안 된다. 미래를 예측하면서 현실의 수요에 맞춰야 하는 과제가 주어진다. 과거에도 시대를 앞서나간 천재적인 기술력들이 존재했었다. 하지만 시대를 앞서나가 다수의 대중에게 평가를 받을 기회를 얻지 못했다. 극소수의 사람에게만 그 존재가 알려지고 소수의 칭찬만 받는 기술들이 있었다.

손가락으로 화면을 만져서 작동하는 터치스크린 기술은 언제 나왔을까? 스마트폰의 등장과 함께 터치스크린이 나왔을 것이라 어렴풋이 짐작하는 사람이 많을 것이다. 그러나 한국에서는 1998년 일찌감치 터치스크린 기술을 적용한 터치폰이 출시되었다. 삼성전자의 SPH-7700이다. 그러나 이 제품은 대중의 사랑을 받지 못했다. 또한, 1999년에는 애플워치 같은 손목시계형 모바일 기기도 내놓았다. 역시 삼성전자의 '워치폰(SPH-WP10)'이다. 미국 IT 전문 매체에 따르면 SPH-WP10은 세계 최초의 시계 형태 휴대전화였지만 큰 성공은 거두지 못하였다. 기술의 속도가 시대의 요구보다 앞질러 나가는 바람에 대중의 눈길을 끌지 못한 비운의 기술이 된 것이다.

나는 우리가 개발한 클래스 사티가 한 걸음 정도만 앞서나가는 기술이 되기를 희망했다. 시대에 뒤처지는 것도 안 되지만, 과시하듯 시대보다 앞질러 나가는 것도 곤란했다. 코로나19 팬데믹 이후 급속히 확산된 교육 격차와 불평등이라는 문제를 해결해야 할 시대의 요구와 발을 맞추어야 했다.

객관적으로 주어진 환경을 외면하고 욕심을 부리는 것도 금물이다. 우리가 구현해야 할 기술은 어린 학생들이 직접 수업 시간에 다뤄야 할 디바이스였다. 직관적이고 단순해야 했다. 더욱이 전기와 인터넷이 부족한 환경을 고려해야만 했다. 그러면서도 스마트 교실로 변신시킨다는 목표는 이루어야 했다. 이런 구체적 상황에 초점을 맞추어 기술력을 집중하였다.

클래스 사티에는 '기술을 통한 교육 격차 해소'라는 중요한 미션이 녹아 있다. 나 역시 인도 북부 네팔 인근의 가난한 시골에서, 지금의 인도 공립학교 학생들과 다를 바 없이 열악한 환경에서 공부해왔다. 책의 뒷부분에서 설명하겠지만, 나는 집에서 230킬로미터나 떨어져 있는 유치원·초등학교·중학교에 다녔는데, 가족과 떨어져 기숙사에서 지내며 공부했다. 그때나 지금이나 인도 공립학교의 열악함은 변함이 없다.

그 경험은 나에게 미션을 주었다. 지금까지 변하지 않는 내 삶의 과제는 '미래 세대를 위한 유산을 남기는 것, 세상을 더 나은 곳으로 만드는 데 기여하는 것'이다. 나는 이 미션을 이루기 위해 애쓰고 있다.

케임브리지 사전에는 '효율efficiency'이 "working or operating in a way that gets the results you want without any waste"라고 해설되어 있다. 번역하자면, 낭비 없이 원하는 결과를 얻기 위한 방식으로 작업하거나 성취하는 것을 의미한다.

또한, 효율은 업무 과정의 탁월성을 비용·속도·양으로 측정하는 것이라 정리할 수 있다. 그만큼 효율은 기업에서 매우 중요하다. 속도와 효율은 기업의 운명을 좌우한다. 하지만 때로는 효율 이상으로 중요한 것이 있다. 앞서 설명한 삼성의 터치폰이나 손목시계형 전화기 사례에서 그것을 찾으면 된다. 바로 시대의 요구에 부응하는 것이다. 이 시대의 환경에 맞게, 이 시대가 원하고 필요로 하는 것을 기술로 채워주어야 한다. 이것이 기술 개발의 철학이자 미션이 되는 게 옳다. 속도와 효율은 이러한 철학과 미션에 발맞추어 앞서나가지도, 뒤처지지도 않게 나아가야 한다.

# 퍼스트 클래스에
# 동메달은 필요 없다

## 2류, 3류가 아닌 1류만 고집한다

"신경영을 안 했으면 삼성이 2류, 3류로 전락했거나 망했을 지도 모른다는 생각에 등골이 오싹하다." 지금의 초일류 삼성을 개척한 이건희 회장님이 하신 말씀이다. 퍼스트 클래스, 즉 초일류에는 동메달이 필요 없는 이유를 여기서 찾을 수 있다. 기업의 목표는 초일류가 되어야 하며, 그렇지 않으면 생존조차 보장받지 못하기 때문이다.

나는 태그하이브를 창업하면서 1등 아니면 안 된다는 각오를 품었다. 사실 모든 기업 경영이 그러하다. 시장은 1등, 즉 금메달만을 기억한다. 동메달을 받은 기업은 외면받는다. 우리는 모두 각사의 삶에서 '초일류'를 추구해야 한다. 초일류를 향한 내 의지와 노력이 〈Maximize Your Life〉라는 내 강의 프로그램의 모티브가 되기도 하였다.

태그하이브가 퍼스트 클래스, 즉 초일류를 추구하고 있다면 에듀테크 분야에서 동메달이 아닌 금메달을 딸 것이다. 1등에게는 금메달이 필요하기 때문이다. 이 1등은 모두를 위한 1등이다.

조직의 리더로서 나는 성과라는 목표와 매일 겨루고 있다. 건강, 가정, 일이라는 우선순위를 세우고 성과를 위해 부단히도 노력한다. 또한, 이 과정을 기록해가고 있다. 엑셀 파일에 하루·주 단위로 내 삶을 분석·정리·기록한다. 나는 리더로서 이기는 결정을 내려야 하기 때문이다. 내가 만나는 거의 모든 것을 기록하고 데이터화시킨다. 1년, 2년, 3년 이렇게 데이터가 쌓인 파일을 보면서 작년 같은 일시에 내가 무엇을 하고 있었는지, 그 일은 어떻게 되었으며, 나는 성취를 하였는지 한눈에 파악할 수 있다.

## "REPORT TO YOURSELF EVERY WEEK"

#WORK / CAREER

#FAMILY

#FINANCIAL

#SPIRITUAL

#NEW SKILL / PERSONAL GROWTH

#OTHER THINGS THAT MATTER

〈Maximize Your Life〉 강의 중 'Lesson 2'의 주제

초일류라는 성과를 만들어야 하는 리더에게 기록이라는 작업은 일종의 의례Ritual이다. 이 작업은 쉽지만 강력한 성과를 만들어낸다. 과거 기록들을 보면서 지금 겪는 어려움은 그렇게 어렵지 않다는 것을 상기하게 된다. 기록은 내가 쉽게 흔들리지 않게 해준다.

2004년부터 19년간 엑셀 파일에 나를 기록해온 결과, 나에 대한 많은 데이터가 누적되었다. 처음에는 노트에 적었고 그다음에는 워드프로세스 파일에 입력했는데, 지금은 엑셀로 정리하고 있다. 엑셀은 매우 직관적이고 체계적이다. 그래서 작년 이맘때 내가 무엇을 했는지, 어떤 결정을 내렸고 어떤 어려움 때문에 고민했는지 쉽게 찾아볼 수 있다.

## 기록과 데이터가 이끄는 삶

이 기록물들은 쓸데없는 메모가 아니다. 타임머신이라도 탄 듯, 1년 전이든 10년 전이든 당시의 오늘로 돌아가 지금을 반성하게 해준다. 기록을 읽어보며 때로는 핵심 가치를 일깨운다. 때로는 잃어버린 열정을 되찾는다. 때로는 그때보다 비겁해진 것은 없는지 생각한다. 기록물들은 나의 궤적이 건강, 가족, 일이라는 가치를 따라 잘 진행하고 있는지를 알려준다. 자신을 반성하게 해주며 주인의식을 일깨워준다.

인생은 한 번뿐이고 내 인생의 모든 결정은 내가 하는 나의 일이다. 좋은 결정을 내리기 위해 고심할 때도 이 데이터는 지혜로운 길잡이가 되어주었다. 10년 전, 3년 전, 1년 전 오늘, 내가 그때 걱정하고 고민했던 일들은 사실 아무것도 아니었음을 알 수 있기에, 지금 하는 고민도 그다지 큰 문제가 되지 않을 것이라는 확신이 생긴다. 그러다 보니 여유가 생기고 시간이 생긴다. 놀라운 일이다. 삶과 시간에 쫓기며 살지 않는 균형감이 생긴다. 더불어 자제해야 할 것을 구분할 수 있게 되었다. 자제한다는 것은 자신을 컨트롤하는 것이다. 즉, 자신의 가슴속에 깃들어 있는 욕망을 스스로 제어한다는 것이다. 그러면 욕망이 이끄는 삶을 살지 않고, 자신의 행동을 확고히 지배하는 주인으로서의 삶을 살 수 있다.

10년 후에 나의 오늘을 돌이켜본다면, 지금 하고 있는 고민과 갈등은 과연 나를 흔들 만한 진짜 어려움일까? 아닐 것이다. 지금의 어려운 상황이나 어렵다고 느끼는 대상은 그냥 감정일 뿐이고, 실제로 어려움이 아닐 가능성이 크다. 그래서 더 열심을 낼 수 있으며 더 많은 성과를 낼 여지가 생겨난다.

이렇듯 수시로 기록하는 엑셀 시트는 내게 성과를 가져오게 만드는 원동력이 된다. 내가 흔들릴 때는 균형추 역할을, 방향을 잃을 때는 방향을 잡아주는 나침반이 되기도 했다. 그리고 성과라는 목표 앞에서 주저하지 않게 해주었다. 그래서 지금도 매일 삶을 기록한다.

내가 대학에서 강연할 때마다 이 부분은 청중으로부터 매우 큰 호응을 얻었다. 수많은 청중이 어떻게 하면 성과를 이룰 수 있는지 궁금해하는데, 'Report to yourself every week' 부분에서 마음을 움직이곤 했다. 그리고 긍정적 피드백이 자주 나왔다.

엑셀 파일에 매일, 매주 나에 대한 데이터를 기록으로 남기는 의례가 1개월, 1년, 10년 지속되면 강력한 자산을 갖게 된다. 과거의 기록으로 현재와 미래를 가늠할 수 있다. 이것이 여러분을 성과로 이끌게 하는 지도와 나침반이 될 것이다. 이 책을 읽는 독자들도 직접 실천해보기를 강력하게 추천한다.

에듀테크 분야에서 최고의 성과로 평가받는 리더가 되기를 원하는 나는 그래서 지금까지 19년간 꾸준히 기록해왔다. CEO는 연예인이 아니며, 인기로 먹고살지 않는다. 성과야말로 CEO의 본질이 아니겠는가? 이건희 회장님도 자신의 인기로 삼성을 초일류로 만들지는 않았다. 핵심은 초일류에 걸맞은 성과였다. 이것을 만들어가는 동력이 필요한데, 그중 중요한 하나가 기록이다.

# 열정이라는
# 비상구

**적은 비용으로 모든 공립학교를 스마트 학교로 만들겠다는 열정**

CEO는 성과로 평가받는다. 그런데 그 성과의 문을 여는 열쇠는 단연코 열정이라고 믿는다. 어떤 이들에게 열정이라는 단어가 식상하게 느껴질지도 모른다. 그런 모호한 것 말고 확실한 비결을 알려달라고 이야기하는 사람들도 있다.

개인적인 이야기를 해보겠다. 나와 우리 회사에 대해 좀 아는 사람들은 외적으로 보이는 측면에 더 주목하는 경향이 있다. 내가 개발자 출신이기에 기술에 대한 강력한 승부근성을 발휘하며, 변화의 흐름을 읽고 선제적으로 대응하는 태그하이브의 DNA를 만들어나간다고 말한다. 이것은 틀린 말은 아니다. 하지만 정확한 표현이라 할 수는 없다.

외적으로 보이지 않지만, 나의 내면에 존재하는 무엇인

가가 기술 개발을 이끌고 있다. 그것은 70퍼센트의 가난한 집 아이들도 교실 내에서 참여와 몰입을 통해 동일한 교육 기회를 누리게 하고 교육 격차를 해소하겠다는 열정이다. 그것이 지금까지의 기술 개발의 힘이다.

인도는 계층 사회이다. 브라만, 크샤트리아, 바이샤, 수드라 같은 신분을 이야기하는 게 아니다. 오늘날의 인도는 경제력을 바탕으로 위아래와 중간으로 나뉜다는 뜻이다. 부의 상당 부분은 5퍼센트의 최상위 계층India 1 class에 몰려 있다. 그리고 25퍼센트의 중간 계층India 2 class이 그다음 부를 나누어 가진다. 나머지 70퍼센트의 하위 계층India 3 class이 얼마 남지 않은 부를 나누어야 한다.

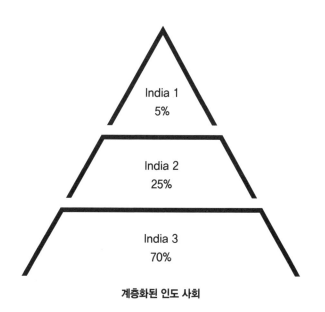

**계층화된 인도 사회**

인도인의 70퍼센트는 빈곤층이다. 이들은 인도의 다수를 차지하지만, 인프라와 교육 여건이 절대적으로 열악한 환경이다. 이 70퍼센트에 속하는 아이들이 공립학교에 다닌다. 인도의 공립학교는 앞에서도 언급했듯이, 열악함 그 자체다. 학교와 학생 수는 늘어나지만, 교육의 질은 그다지 나아지지 않는다. 전기도 인터넷도 없는 곳이 태반이다. 설령 있어도 마음대로 쓰지 못하는 형편이다.

한국에서는 두메산골이나 섬마을 학교에도 최첨단 컴퓨터가 있고 인터넷이 원활하다. 하지만 인도에는 책걸상조차 없는 학교가 많다. 교사 수도 턱없이 부족하다. 제대로 된 교육이 나올 리가 없다. 인도 정부도 이를 알고 예산을 늘려 배정하고 있지만, 여전히 취약한 교육 여건과 낮은 학업 성취도의 악순환이 반복되고 있다.

태그하이브는 하위 계층에 해당하는 70퍼센트부터 시작하여 상위 계층으로 가는, 아래에서부터 위로 향하는 전략을 취하고 있다. 만약 '돈이 되지 않는다'는 이유로 70퍼센트의 하위 계층을 외면한다면, 이는 태그하이브가 가진 교육 격차 해소라는 가치와 미션을 스스로 내팽개쳐 버리는 행동이 될 것이다. 그리고 '교육만큼은 공평해야 한다'는 가치관에 어긋나는 행위로서 스스로에 대한 속임수와 배신이라 할 수 있다. 인도의 가난한 70퍼센트는 나와 태그하이브의 가치이자, 사명이며 열정이라고 할 수 있다.

나는 삼성에서 일할 때부터 늘 생각해오던 것을 질문으로 바꾸었다. 질문은 항상 생각을 일깨우는 법이다. "어떻게 하면 모든 공립학교를 스마트 학교로 만들 수 있을까?" 이 질문에 대한 해답을 찾아야 했다.

전기도 안 들어오고, 인터넷망도 안 깔려 있고, 심지어 책걸상도 없는 학교가 어떻게 교육 성과를 높일 수 있을까? 학생들의 학업 성취도를 효과적으로 측정하고 관리할 수 있을까? 교육 및 학습 데이터를 통해 학생들이 민주적으로 의사결정하는 체계로 변모할 수 있을까?

고민 끝에 '접근성이 높고 유지 보수가 필요 없는 시스템을 저렴한 비용으로 구축하여 스마트 교실과 스마트 학교를 만들어야 한다'는 결론에 도달했다. 그리고 이에 대한 열정이 불타올랐다.

이 열정은 생각으로, 생각은 아이디어로, 아이디어는 전에 없던 플랫폼 서비스로 발전했다. 머릿속에 머물던 열정과 질문, 이에 말미암은 생각들이 뻗어나갔고, 결국 삼성에서 스핀오프(분사)에 성공해 에듀테크 기업 '태그하이브'를 설립하여 서울과 인도에 각각 회사를 둔 결과로 나타났다.

태그하이브의 클래스 사티는 인도 우타르프라데시주 200여 개 학교, 마다야프라데시Madhya Pradesh주 250여 개 학교, 히마찰프라데시Himachal Pradesh주 1,400여 개 학교에 공급되었다. 2022년에는 10억 원 수출을 기록하며 인도 전역으로 제품 공급을 확대했다. 한국 에듀테크 스타트업이 인도 공교육으로부터 기술력을 인정받아 공립학교에 제품을 공급한 최초 사례였다. 그 외에도 인도 28개 주 중 절반 이상이 클래스 사티를 도입하였다.

참여와 몰입을 통해 수업이 이뤄질 수 있게 함으로써 열악한 교실을 기술로 혁신한다는 본질에 집중하는 태그하이브의 클래스 사티는 점점 더 확산될 것이다. 인도 정부의 공립 교육에 대한 국가적 관심이 커지고 있는 만큼 서비스와 제품을 사용하는 학생은 늘어날 수밖에 없다. 교실 내에서 교육 격차를 해소하는 초일류 기술 개발을 꾸준히 한다면 동메달이 아닌 '초일류' 금메달이라는 태그하이브의 목표는 현실이 되어 나타날 것이다.

## 열정이 만들어낸 혁신

가끔 이런 생각에 빠져본다.

만약,

내가 시골이 아닌 도시에서 제법 잘사는 사람으로 살아왔다면?

내가 삼성이 아닌 인도의 적당한 기업에 머물렀다면?

내가 풍족한 사립학교 출신이었다면?

내가 그냥 개발자에서 멈춰 지금까지 살아왔다면?

참여와 몰입을 통한 교실 혁신형 플랫폼 클래스 사티는 세상에 나타나지 않았을 것이다.

제품을 개발하고 서비스를 개발할 때마다 나와 우리 팀은 열정과 자부심에 가득 차 있었다. 우리의 기술이 교육 격차를 해소해줄 것과 미래의 주인공인 학생들에게 새로운 교육을 통해 더 밝은 미래를 열어줄 것임을 믿어 의심치 않았기 때문이다.

이런 열정은 지금도 한국에서 스타트업을 창업하고 지금까지 운영하면서 난관에 직면할 때마다 비상구가 되어주었다. 삼성전자 C랩을 통해 스핀오프한 경우 재입사를 원한다면 5년 내에 다시 회사로 돌아갈 수 있는 일종의 티켓을 지급한다. 그 티켓을 보면서 태그하이브가 삼성만큼의 초일류의 회사로 성장하는 꿈을 키워나갔다. 그리고 내가 삼성으로 돌아간다면 나 혼자 돌아가는 것이 아니라 삼성이 키운 '유니콘 기업'으로 성장하여 삼성으로 금의환향할 것을 다짐해왔다.

내가 시골이 아닌 대도시에서 제법 괜찮은 수준의 삶을 살며 수준 높은 시설의 사립학교를 다녔다면, 내 삶을 극대화하고 싶은 열정은 생기지 않았을 수도 있다. 부모님의 유산이 많았다면 노력을 많이 하지 않았을 수도 있다. 내가 삼성이 아닌 인도의 적당한 기업에서 만족하며 살고자 했다면 어땠을까? 아마 삼성 취업 면접을 위해 마련된 비행기를 놓

첬을 때 지레짐작하며 포기했을 것이다. 그랬다면 무난한 기술자로 살고 있을지도 모른다. 그 정도라면 먹고사는 데는 지장 없었을 것 같다.

하지만 나는 인도 비하르Bihar주 비샨퍼Bishanpur라는 네팔 인근의 시골에서 태어났고, 집에서 수백 킬로미터나 떨어진 학교에서 하위 70퍼센트의 학생들과 똑같이 공립학교의 열악한 수준에서 공부해왔다. 그러면서 내면의 갈망과 열정이 '교육'이라는 키워드로 마음속에 깊이 새겨졌다. 이 열정은 쉽게 꺼질 것 같지 않다.

무엇보다 내가 삼성으로부터 받은 교육과 기술의 혜택, 초일류라는 마인드가 내 삶을 바꿔주었다. 이에 대해 감사한 마음이 있으며 이것을 다시 나눠야 한다는 의무감을 느낀다. 아직도 지구상에 많은 지역에서는 아이들이 제대로 된 수업을 받지 못한다. 비효율적인 교수 방법 때문에 교사와 학생 모두 힘들어하거나 아예 교육을 포기하는 일들도 생긴다. 학생들에게 그리고 교사들에게 기술적 혜택이 흘러갈 수 있도록 하고 싶다.

빈곤과 가난, 무지에서 해방될 수 있는 유일한 방법은 교육이라 생각한다. 수많은 저개발 국가도, 한국 같은 선진국도 같은 고민일 것이다. 다행히 교육이라는 비상구는 내가 가진 열정이라는 비상구와 연결되어 있다. 이제 학생들의 삶을 극대화해줄 수 있도록 비상구를 열어줄 때이다. 내 심장

이 뛰는 한 태그하이브와 함께 이러한 열정을 계속 불태울
것이다.

# 삼성처럼:
# 초일류의 교과서

## 초일류는 일하는 방식이 다르다

삼성에서 초일류라는 말과 개념을 처음 배웠다. 삼성의 정
신이자 문화가 된 초일류는 작고하신 이건희 회장님의 의지
와 열정에서 비롯되었다. 이 회장님은 "1990년대 안에 삼성
을 세계적인 초일류 기업으로 성장시키겠다"라고 선언하고
파격적인 경영 행보로 미래 100년의 삼성을 위한 기초를 쌓
았다.

이건희 회장님이 취임한 해 10조 원을 채 넘지 못했던
삼성그룹의 매출은 2018년 기준 386조 원을 넘겨 무려
39배 늘었다. 1조 원 규모였던 시가총액은 396조 원을 기록
하며 396배 성장하는 유일무이한 기록을 세웠다. 내가 근무
할 당시 삼성은 글로벌 인재 유치와 경영에 박차를 가할 때

였는데, 삼성의 제품은 세계적으로 경쟁력을 인정받고 있었다. 그 현장에서 개발자이자 팀 리더로 일할 수 있었고, 삼성의 지원을 받아 한국과 미국에서 공부할 수 있었던 것은 무척 고무적이었다.

과거 불모지나 다름없었던 한국 반도체·IT 산업은 이건희 회장이 이끄는 삼성전자와 함께 세계 일류로 자리 잡았다. 메모리 반도체 분야에서 삼성은 타의 추종을 불허하는 점유율을 보유했는데, 삼성의 초일류는 한국의 GDP를 책임질 정도의 엄청난 성과로 나타났다. 이 사례를 볼 때 CEO 한 사람이 가지고 있는 이상과 비전, 열정이 기업을 어느 정도로 성장시킬 수 있는지를 배울 수 있다.

나는 4시간가량의 만찬 자리에서 이건희 회장님을 직접 만나 이야기를 나눌 소중한 기회를 누렸다. 그분에게서 강력한 아우라와 카리스마를 느꼈었다. 그분은 그야말로 혁신가였다. 남들이 보지 못하는 것을 꿰뚫어 보는 통찰력을 지닌 이 회장님은 기술자나 전문가들의 정곡을 콕콕 찌르는 질문을 던지셨다. 무엇이 중요한지, 앞으로 어떤 세상이 펼쳐질지를 논할 때는 전문가나 기술자들을 압도했다. 나 역시 완전히 압도당했다.

삼성에서 일한 경험은 내 인생의 교과서가 되었다. 인도에서 공과대학을 졸업한 나는 삼성전자 실무를 통해 실용적 기술력을 익혔을 뿐만 아니라 그런 기술을 개발하는 사

**이건희 회장님과의 대화**

람들의 자세와 태도, 열정에 밴 정신으로부터 크나큰 깨달음을 얻었다. 그것이 초일류 기업을 만드는 힘이었다.

회의부터 전략 기획, 실행력까지 삼성의 스타일에는 엄청난 긴장감과 스피드가 느껴진다. 하지만 내가 여기에 적응하는 것은 그리 어려운 일은 아니었다. 어린 시절부터 새벽 5시에 일어나 일찍부터 밤늦게까지 공부하는 것을 일상으로 삼아 살아온 나에게 한국의 스피드와 실행력, 그리고 성실함의 문화는 낯설지 않았기 때문이다. 다만 한국어를 습득하던 시기에 언어장벽에 부닥친 적이 있었다. 이것은 서울대학교 대학원에서 공부하면서 넘어설 수 있었다.

삼성의 특징은 단연코 스피드이다. 빠르고 민첩하다. 사람이 많고 큰 조직이어도 빨리 결정하고 빠른 일 처리를 하는 것이 삼성만의 특징이었다. 기업에서 조직이 커지면서 자연스레 나타나는 병폐 중 하나가 의사결정 속도가 점점 느려진다는 것이다. 하지만 조직 리더는 빠르게 의사결정을 내리고 구성원들은 민첩하고 일사불란하게 움직여야만 기대하는 성과를 만들어낼 수 있다.

속도는 인도에서는 볼 수 없는 한국 사람들만의 굉장한 장점처럼 느껴진다. 한국에서는 무엇이든 빨리빨리 결정되고 추진된다. 심지어 음식 배달조차 빠르다. 인도 사람으로서 한국 조직문화에 적응하는 것은 무척 즐겁고 도전적인 일이었다.

다만, 수직적 조직문화에서 오는 갈등도 없지는 않았다. 개인적으로는 상사와의 마찰을 경험하기도 했다. 이해하기 힘든 부분도 있었다. 하지만 그 모든 경험이 지금의 태그하이브를 경영하는 토양이 되었다. 구성원들이 신나게, 빠르게, 부지런히 서로에 대한 존중의식을 가지고 일하는 조직문화를 배웠고 이것이 지금 조직을 만드는 데 기본 스케치가 되었다.

삼성에서 인상적으로 경험한 것 중 하나가 '원·차·스'라는 모토이다. 이것은 '원가절감', '차별화', '스피드'의 앞글자를 따서 만든 말이다. 모든 업무에 원차스가 적용되었다. 원차스라는 구호는 전 직원들이 초일류라는 키워드에 얼마나 강력히 집중하는지 이해할 수 있게 한다. 조직에서 3이라는 숫자 둘을 부여받는다면, 덧셈을 통해 '3+3=6'의 결과를 만드는 것도 쉽지 않다. 그러나 삼성에서는 곱셈을 통해 '3×3=9'의 결과를 만들었다. 시간 약속을 칼같이 지키는 것은 기본이다. 더 나아가 스피드와 효율, 예측하고 대비하는 철저한 프로 정신으로 무장했다. 승자의 기본기를 갖춘 것이다.

나는 삼성에서 대단한 경험을 했으며 비즈니스의 거의 모든 것을 배웠다. 사업, 회계, 마케팅, 전략, 기획 등. 삼성은 내 마음의 고향이자, 제2의 고향 같은 곳이다. 이렇게 배우고 익힌 것이 내가 팀 리더를 거쳐 창업한 후 CEO로 일하는 데 큰 도움이 되고 있음은 부인할 수 없는 사실이다. 그래서 삼성을 자주 언급할 수밖에 없다. 여행자가 자기 고향을 자주 이야기하는 것과 마찬가지다. 독자 여러분께서 널리 이해해주시리라 믿는다.

그리고 나는 삼성에서 외국인 최초로 회사의 지원을 받아 미국 MBA 과정을 밟을 수 있었다. 이것은 엄청난 혜택이었고, 내 삶을 최대화할 큰 기회였다.

## 스타트업도 삼성처럼

나는 지금 6년여 세월 동안 사업을 하고 있다. 창업 단계부터 지금에 이르기까지 '초일류'에 집착해왔다. 세계 최초 모바일 앱 기반 클리커 시스템을 만든 것도, 34건의 특허IPs를 출원하고 24건을 등록 완료한 것도 초일류에 대한 집착에서 비롯되었다.

이건희 회장님이 초일류를 선언할 당시의 삼성은 그저 한국의 한 기업에 지나지 않았다. 하지만 초일류를 선언한 이후 조직과 기업의 많은 것이 달라지고 변화되었다. 이제 삼성은 한국을 넘어 세계적인 기업이 되었다. 삼성의 혁신이 세계 시장을 리드했다.

나도 삼성에 근무하면서 초일류의 꿈과 비전을 품었다. 그리고 지금도 여전히 그것을 지니고 있다. 태그하이브의 제품과 서비스는 인도 학교의 절반 이상에서 사용하는 콘텐츠이며, 누적 이용자는 약 45만 명이다. 수업을 통해 푼 문제 수는 약 1,000만 건에 달한다. 이를 통해 엄청난 규모의 데이터를 보유하게 되었다. 이후 동남아시아, 아프리카 등 저개발 국가에서 교실 혁신이 기대된다. 따라서 사용 학생들은 계속 늘어날 것이다. 이에 따라 데이터가 쌓이고 점점 정교해질 것이다. 이런 데이터 기반을 바탕으로 제공해줄 수 있는 플랫폼 기술과 서비스는 기하급수적으로 늘어날 것이다.

초일류를 향한 노력의 과정에 좋은 이력을 몇 가지 얻었다.

- DIDAC India 'Education Startup of the Year 2019' 수상

- 2020 Time2Leap Award 수상(MSME & Karnataka 정부 주최)

- 2021 인도의 영향력 있는 젊은 사업가 40인 선정(Fortune 40U40)

- 2022 비즈니스 월드 교육 분야 우수 기업 40 선정(BW 40U40)

- UNICEF 2022 수상

하지만 수상은 수상일 뿐이다. 회사와 내가 상을 받았다고 해서 자동으로 더 많은 학생이 교육 소외 문제를 극복하는 것은 아니다. 상을 받는다고 회사가 성장하는 것도 아니고 성과가 저절로 생기는 것 역시 아니다. 이런 상이 나와 회사의 겉모양만 번드르르하게 꾸미는 것은 아닌지, 늘 경계하며 반성한다.

내가 지향하는 초일류를 실적으로 나타내야 한다. 교실 내 더 많은 학생이 학습에서 소외되지 않고 수업에 참여해야 하고, 교육의 혜택을 더 많이 받는 것이 구체적인 실적이다. 이를 위해 더 많은 학교 관계자를 만나 설득해야 하며 그 효과를 입증해야만 한다. 높은 기술적 성과를 교실 내 혁신으로 이어질 수 있게 하는 목표에 대한 고민은 지금도 계속되고 있다.

코로나 팬데믹 초기 삼성의 활동에서 초일류의 역할이 무엇인지에 대한 힌트를 얻었다. 삼성은 코로나가 급속도로 번져나가며 한국 내에서 마스크가 부족해진 사태에 지혜롭

게 대처하며 초일류다운 모습을 보여주었다. 삼성은 중소기업 스마트 공장 구축 지원 경험을 활용해 국내 마스크 제조 업체들이 생산량을 증대할 수 있도록 지원했다. 또 삼성의 제조 전문가들은 해당 기업들이 설비를 새로 추가하지 않고도 기존에 보유한 생산 설비를 활용해 단기간에 생산량을 최대한 늘릴 수 있도록 현장 제조 공정을 개선하고 기술을 전수했다. 이를 통해 한국 내 마스크 생산의 51퍼센트를 늘렸고, 결국 마스크 부족 사태는 단기간에 해결될 수 있었다.

초일류의 행동은 국가와 사회를 이롭게 한다. 국적을 넘어 사회의 문제를 해결한다. 이런 초일류의 행동은 더 나아가서 개인의 삶을 바꾸기도 한다. 스타트업도 삼성처럼 초일류를 꿈꾸어야 한다. 초일류의 발상으로 생각하고 실천해야한다. 태그하이브가 진정한 초일류가 된다면 교육 소외와 교육 격차라는 난제가 극복 가능한 문제로 바뀔 것이다. 그리고 한 개인과 국가, 인류의 미래를 바꾸어놓을 것이다. 교육은 미래를 바꾸는 가장 효과적인 방법이다. '교육' 그 자체가 개인의 미래이자, 국가와 인류의 미래를 담고 있기 때문이다. 내가 초일류가 되어야 하고, 태그하이브가 초일류가되어야 하는 이유는 이것으로 충분하다.

# Zero to One,
# One to Billion

태그하이브는 이제 여섯 살이다. 아이로 치면 막 유치원에 들어갈 때이다. 태그하이브의 겉모습을 보면 매우 흥미롭다. 인도인이 한국에 본사를 두고 창업하여 한국 기업 자격으로 인도에 진출했다. 인도지사는 한국보다 140배 더 많은 100만여 개의 인도 공립학교와 공교육 분야에 뿌리를 내리며 시장을 선점하는 중이다.

인도 사람이 한국 사람들을 고용하고 교육 기술을 통해 한국과 인도에 일자리를 창출했다고 보면 된다. 한국에서 창업한 인도인 경영자는 한국의 스피드한 기술력과 인도라는 거대한 시장을 모두 경험한 독특한 인물이다.

뭔가 새로운 것을 창조할 때 세상은 0에서 1이 된다. 0에서 1을 창조하는 데는 엄청난 에너지가 필요하다. 엄청난 상상력과 창의력을 포기하지 않는 인내가 요구된다. 세상에 영향력을 거머쥔 사람들은 모두 0에서 1을 만든 사람이었다. 오히려 1부터 빌리언Billion(10억)까지가 빠를 수 있다.

불과 30년 전만 해도 휴대폰은 존재하지 않았다. 포드 자동차가 세상에 등장했을 때, 미시간저축은행 회장은 "자동차는 일시적 유행이다"라고 말했으며, 전화기가 등장했을 때 금융통신 회사 웨스턴유니언은 "본질적인 가치가 없는 물건"이라 혹평했다. 20세기폭스사는 TV를 "사람을 피곤하게 만드는 합판 상자"라고 절하했다. 이들은 이전에 없었다는 이유로 자동차와 전화기와 TV의 미래를 일축해버린 것이다.

IBM의 왓슨 회장은 1943년에 "컴퓨터는 앞으로 전 세계에 5대 정도만 존재할 것"이라고 말했으며, "복사기와 같은 기계의 전 세계 수요는 최대 5,000대 수준"이라고 잘못 판단했다. 2016년 한국의 프로 바둑 기사 이세돌은 "알파고는 아직 나와 승부를 논할 수준이 아니다"라고 말했다고 한다.

0에서 1이 나올 때는 세상의 관심을 받기가 쉽지 않다. 하지만 0에서 1이 나왔을 때 판단을 잘못하는 경우는 늘 존재해왔다.* 하지만 지금 돌이켜보면 휴대폰, TV, 컴퓨터, 자동차는 모두 없어서는 안 되는 제품이다.

* 임춘성, 『당신의 퀀텀리프』, 쌤앤파커스, 2018.

'클래스 사티' 역시 마찬가지다. 어느 날 그냥 뚝딱하고 나온 것이 아니다. 2016년 이전에는 세상에 없었다. 생각과 아이디어의 일부로만 존재했을 뿐이다. 하지만 삼성의 투자를 받아 본격적으로 개발되면서 교실에 꼭 필요한 도구로 점점 필요성이 부각되고 있다. 인도는 물론 동남아시아, 아프리카, 유럽, 한국 등 수많은 교실에서 혁신을 불러일으킬 것이다. 그래서 우리는 클래스 사티를 '교실 혁신 플랫폼'이라 부르기로 했다. 커피 전문점인 스타벅스가 커피만을 팔지 않고, 세계적인 리조트 회사인 클럽메드가 여행만을 팔지 않으며, 할리데이비슨이 오토바이만을 팔지 않는 것처럼, 태그하이브는 클리커를 만들었지만 클리커만을 판매하지 않는다. 기본적으로 소프트웨어 회사이기 때문에 플랫폼과 소프트웨어를 공급하는 데 주력한다.

어떻게 보면 리모컨 형태의 이 작은 클리커가 교실에서 무슨 혁신을 일으킬 수 있는지 의구심을 던질 수도 있겠지만, 학생들과 수업 현장의 반응은 매우 뜨겁다. 교실 내 수업에서 소외되는 학생들을 학습에 참여시킬 수 있다. 그리고 수업에 참여한 학생들로부터 곧 성적 향상과 출석률 향상이라는 성과가 나왔다.

지금은 기술 개발의 속도도 빨라졌고 성능도 점차 좋아져서 사립학교에도 보급되기 시작했다. 이제 '빌리언'이라는 숫자를 향해 빠르게 성장하고 있다. 이전에 없었던 그리고 새롭게 창조된 기술의 힘은 열악함을 극복하게 하며 교실과 수업에 혁신을 불어넣는 중이다.

'Zero to One'은 태그하이브의 초일류를 향한 방향성과 교육 격차를 해소하겠다는 이념과도 맞닿아 있다.

1. 디지털 비즈니스 정글에서 스피드와 효율은 생존 무기로써 승패를 좌우한다. 빌 게이츠는 『빌 게이츠 @ 생각의 속도Business @ The Speed of Thought』에서 2000년대를 속도의 시대로 규정했다.

2. 속도와 효율을 계산하며 움직이지만, 시대의 요구에 맞도록 뛰면서 생각한다.

3. '초일류'는 틀에 박힌 습관이나 액자 속에 들어 있는 표어가 아니다. 생활과 습관, 행동양식과 마인드 그 자체이다.

4. 초일류의 교과서가 있다면 무조건 배우고 익힌다. 초일류 기업을 교과서로 삼아 배우는 것은 부끄러운 일이 아니다.

5. 첨단 스마트 기술을 통한 교육 격차 해소는 나와 태그하이브의 중요한 미션이다. 우리는 제품을 생산해 쇼핑백에 물건만 담아주는 기업이 아니라 우리의 미션으로 세상을 좀 더 나은 곳으로 만들고 싶어 하는 기업이다.

6. 'Zero to One'이 'One to Billion'보다 중요하다. 선점하고 확산하는 것이 필요하다.

# Chapter 2

## 가치에
## 집중한다

**MAXIMIZE
Your
Life**

Integrity: 태그하이브 본사에는 CCTV가 없다

Trust: 팀, 그중에 제일은 신뢰

Respect: 앞서나가는 사람 등을 밀어줘라

후회하지 마 바보야, 중요한 건 지금이야

# Integrity:
# 태그하이브 본사에는 CCTV가 없다

## 감시보다 신뢰가 먼저다

태그하이브 본사에는 CCTV를 설치하지 않았다. 아직 조직의 규모가 그리 크지 않다는 이유도 있지만, 무엇보다 서로 신뢰하는 문화를 만들기 위해서이다. 기계적 장치로 누군가를 감시해야 하는 것은 굉장히 슬픈 일이다. 나는 전자공학을 전공했다. 감시 시스템을 만들려고 작정하면 얼마든지 쉽고 빠르게 만들 수 있다. 최신 솔루션을 이용하여 미국식 감시 시스템을 도입할 수도 있다. 최근 기술 동향을 보면 직원들을 감시하는 보안 기술이 크게 발전했다. CCTV 외에도 위치 추적 시스템GPS(휴대폰 추적기)과 생체 인식(지문, 홍채, 정맥 인식 등)의 기술이 사업체 보안 기술로 적용되고 있다고 한다.

대기업에서 직원들을 감시하는 시스템을 적용하는 이유로 가장 많이 꼽은 것은 문제 발생 시 책임 소재의 객관적 근거를 마련하기 위해서라고 한다. 하지만 태그하이브는 사람에 대한 신뢰가 더 중요하다고 생각한다. 믿음을 가지고 사람을 대하려 노력한다.

삼성에도 여러 가지 감시 시스템이 있었다. 첨단 기술을 다루기 때문에 기밀 유출을 방지하기 위한 것이다. 물론 태그하이브에도 민감한 기술과 고객 정보가 있다. 이것을 보호하는 장치를 따로 만들었다. 그러나 이것을 제외하고는 직원들 자체를 감시하는 장비는 설치하지 않았다. 그만큼 서

**CCTV 없는 본사 사무실**

로를 신뢰하자는 의미다.

나도 잘 알고 있다. 직원이 10명, 20명을 지나 40명을 넘어서면 대표가 회사 전체를 살펴볼 수 없다. 시야가 한정될 수밖에 없다. 더 나아가 직원이 100명, 200명을 넘어가면 대표는 회사가 어떻게 돌아가는지, 문제는 없는지 알 방법이 없어진다. 그래서 기술적인 힘을 빌려서 이메일과 지문, CCTV까지도 활용하여 모두 감시할 수밖에 없어지는 것이다.

지금 태그하이브에는 전체 50명 정도가 근무하고 있는데, 문정동에 있는 한국본사에는 10명이 근무하고 있다. 지금 내가 하는 시도는 더 늦기 전에, 회사가 더 커지기 전에 서로 믿고 신뢰하고 첨단 감시 기계로 직원을 감시하지 않아도 되는 그런 회사를 한 번쯤은 경험하고 싶었기 때문에 이루어졌다.

## 아무도 보지 않을 때, 무엇을 하는가?

회사에서는 '아무도 보지 않을 때 당신은 무엇을 하는가?' 라는 모토를 직원들에게 심어주고 있다. 이것은 '진실성 Integrity**'과 관련된 것이다. 이것은 한국어에서 말하는 일반적

---

\* 임직원들에게 직업 정신으로 제일 중요하게 강조하는 것이 바로 'Integrity'이다. 진실성,

인 '성실'과는 뉘앙스에서 차이가 있다. 도덕성 및 윤리와 연관 있기 때문이다.

뉴스페이퍼 테스트 Newspaper Test 혹은 선샤인 테스트 Sunshine Test라는 용어가 있다. 미국의 유명한 기업인 제너럴일렉트릭General Electric, GE의 윤리 지침에서 비롯된 것이다. 구체적으로 말하면, 임직원은 자신의 행위가 뉴스 기사의 주제로 다루어진다면 그 행위를 자랑스러워할 수 있는지를 생각해야 한다는 뜻이다. 즉, 자신의 행위가 공개될 경우 회사의 목표와 가치에 부합하고 공공이익을 존중한 것으로 평가받을지를 점검해야 한다는 말이다.

뉴스페이퍼 테스트 혹은 선샤인 테스트는 한마디로 "신문에 나오면 곤란하다고 판단되는 일은 하지 말라"는 것이다. 자신이 한 일이, 하고자 하는 일이 아침 신문 1면에 보도되어도 전혀 부끄럽지 않을 만큼 소신 있는 행동이어야 한다. 누군가 보지 않고 누군가 강요하지 않아도 말이다.

예를 들면 코로나 기간 중 재택근무를 할 때 엄연한 업무 시간임에도 불구하고 여행을 간다든가, 회사에 출근했을 때 아무도 없다고 해서 근무 중임에도 불구하고 혼자서 넷플릭스를 시청하며 시간을 때우는 모습이 신문 1면에 나온

성실성 중에 진실성이라는 뜻이 더 적합해 보인다. '옳은 일을 하는 것'으로 이해하면 좋겠다. 그런 면에서 'Honesty'와 의미적인 차이가 있다.

다면 어떨까? 과연 당당할 수 있을까?

대표인 나도 이 원칙을 지킨다. 실은 더 엄격하게 적용되는 잣대이다. 나는 인도 등 해외 출장을 갈 때도 업무 시간을 철저히 지킨다. 엄연한 회사의 질서이고 규정이자 고유의 가치 기준이기 때문이다.

사람의 중심에는 늘 진실성이 자리 잡아야 한다고 믿고 있다. 한국뿐만 아니라 세계 여러 나라에서 근무하면서 다양한 인종·국적·직업의 사람들을 만나며 현장에서 일할 때 가장 중요한 것이야말로 바로 진실성이었다. 능력이 많고 적음은 그다음 문제였다.

상사를 속이고 일하는 척하면서 업무 시간에 동영상을 보거나 게임을 하거나 개인적인 용무를 보는 것은 매우 불행한 사태다. 직원에게도 회사에도 말이다. 누군가 감시를 하면 잘하고, 감시하지 않으면 일하지 않는 태도는 노예의 자세이다.

회사 대표는 모든 직원의 주목과 이목을 받는다. 나 역시 성실함을 유지하고 있다. 직원들이 볼 때는 일하고 보지 않을 때는 업무 시간에 게임을 하거나 동영상을 시청하는 행동을 하지 않는다. '누군가 보지 않을 때 나는 어떤 사람인지' 스스로 묻고 답하기 때문이다.

감시해야만 일한다는 것은 비극이다. 우리는 노예가 아니지 않은가? 자유인이고 사회인이며 성인이다. 교육을 받은 모두가 이에 대해 가슴 깊이 생각해봐야 할 것이다. 혹여나 회사가 자신에게 맞지 않으면, 솔직하게 털어놓고 회사와 협의해 다른 일을 찾으면 그만이다. 회사는 그런 직원들의 선택을 탓할 수 없다. 그리고 직원 입장에서도 회사와 등질 만한 큰일이 아니다.

다만, 직원들이 회사를 떠나더라도 더 좋은 곳으로 떠나야지 더 나쁜 곳으로 떠나면 안 된다. 지금까지 개인적인 사정으로 회사를 떠났던 분들도 우리 회사나 나와 모두 좋은 관계를 유지하고 있다. 그것은 우리가 각자의 성실함을 인정하고 감시 체계 없이 선택과 자유를 존중했기 때문이라 생각한다. 조직이 점점 커지면 감시 시스템 없는 회사를 계속 유지할 수 있을지 모르겠다. 하지만 앞으로도 신뢰와 진실의 문화가 태그하이브에 계속될 것이라는 점은 확신한다.

# Trust:
# 팀, 그중에 제일은 신뢰

## 가끔 오후 네 시에 집에 가도 되는 이유

'진실성Integrity'의 뒷면에는 '신뢰Trust'가 자리 잡고 있다. 나는 회사에 있을 때 무슨 일이 있어도 아내의 전화를 꼭 받는다. 가족이라는 우선순위가 일에 앞서기 때문이다. 어디서나 무슨 일이 있어도 아내의 전화를 받으니, 아내는 내가 무슨 일을 하든지 안심하고 나를 믿어준다. 쓸데없는 잔소리를 하기 위해 내가 바쁜 와중에 전화하는 일은 거의 없다. 그 시간에 내가 무슨 일을 하는지 아내가 다 알고 있기 때문이다. 아내는 나를 신뢰하므로 더욱 나를 믿어주고 밀어준다.

아이들이 감기에 걸려 열이 많이 났을 때 아이들을 돌보기 위해 오후 네 시에 집으로 퇴근한 적이 있다. 물론 정해진 퇴근 시간은 아니다. 하지만 아내 혼자 아이들을 돌보는 것이 벅찰 수 있기에 나는 일찍 퇴근한다.

이것은 직원들도 마찬가지다. 직원들도 개인의 건강, 가정, 일이라는 우선순위에 따르게 한다. 건강이 좋지 않으면 쉬도록 한다. 가정에 무슨 일이 있으면 반드시 참여하라고 독려한다. 하지만 일을 등한시하지 않는다. 일을 통해서 우리는 생업을 이어가고 경제적 필요를 해결하기 때문이다. 나 역시 더 열심히 일한다. 가족의 생계와 건강을 위해 일에 더 집중한다.

태그하이브는 매주 수요일 출퇴근을 자율로 정하고 있다. 코로나 팬데믹 당시 재택근무를 했던 영향을 받긴 했지만, 코로나 팬데믹 이후에도 일과 가정, 건강의 균형을 위해 자율적으로 출퇴근을 조절하도록 방침을 정했다. 회사에서 처리해야 할 급하고 중요한 일이 있다면 회사로 출근하지만, 굳이 회사에 나오지 않고 집에서도 처리할 수 있는 업무라면 집에서 원격 근무를 한다.

〈Maximize Your Life〉 강의에서도 다음의 주제를 강조한다.

"DEFINE IMPORTANT THINGS EARLY ON IN LIFE. FINE TUNE THEM AS YOU GROW."
"인생의 중요한 일들을 초기에 정의하고 성장을 위해 세부적으로 조절하라."

회사 일은 인생의 한 부분이다. 회사가 내 인생이 될 수 없고 가족이 될 수 없으며 나 자체가 될 수 없다. 하지만 회사와 일이 없으면, 내 인생과 가족을 좀 더 멋있고 안전하고 아름답게 이끌 수 없다. 그래서 나와 태그하이브는 우선순위를 명확히 하였다.

첫째, 건강

둘째, 가정

셋째, 일

위 세 가지에 우선순위를 부여하는 데 용기가 필요했다. 한국에서는 상사를 앞에 두고 가족의 전화를 받기 힘들다. 그리고 건강이 안 좋아도 참고 회사에 나와야 성실하다거나 열심히 한다는 평가를 받을 수 있다. 건강과 가정을 모두 뒤로하고 일에 매몰되는 CEO나 직장인을 많이 볼 수 있다. 이것을 미덕으로 생각하는 사람도 많다. 이것이 한국식 직장 문화에 남아 있다. 나는 수년간 연구하며 〈Maximize Your Life〉의 체계를 만들 때도 이런 문화적 차이를 항상 고려하였다. 우선순위의 결정에 있어서 한국, 미국, 스위스, 독일, 인도 등의 다양한 문화권에서도 똑같이 적용할 수 있는 방향을 정하고자 했다. 우선순위 선정의 기준은 다음과 같다.

첫째, 과거가 아니라 미래를 판단 기준으로 볼 것.

둘째, 문제가 아니라 기회에 초점을 맞출 것.


위 두 가지 기준으로 우선순위를 결정하는 용기를 내었고 그 결과 '건강, 가정, 일'이라는 순서가 나왔다.

나는 이 세 가지가 우선순위에 따라서 삼위일체가 되어

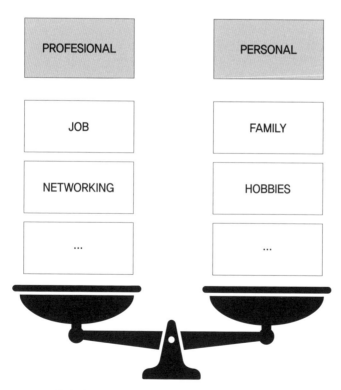

# HOW DO I KEEP THE BALANCE?

| PROFESIONAL | PERSONAL |
|---|---|
| JOB | FAMILY |
| NETWORKING | HOBBIES |
| ... | ... |

**삶과 일, 가족, 취미, 건강까지 삶의 균형감각이 필요하다.**

야 한다고 본다. 그래서 건강을 헤쳐가면서 일하는 것은 바람직하지 않다고 역설하며, 가정을 파괴하면서 일하는 것은 극구 말린다. 그렇다고 건강이나 가정만을 위해 일을 포기하라고 하지는 않는다. 균형을 잡으면 오히려 건강과 가정을 위해 더 일에 집중할 수 있기 때문이다. 내가 강의하는 〈Maximize Your Life〉에서 'Maximize(최대화)'의 진정한 의미와 결과는 균형Balance에서 나온다.

## 우선순위와 삶의 균형

우선순위는 내면의 갈등과 충돌을 줄여준다. 그런데 이것은 요즘 이야기하는 '워라밸Work and Life Balance'과 다르다. 워라밸은 일과 삶을 분리하는 개념이다. 워라밸은 우선순위에 따라 삶을 전략적으로 배치하는 개념과 차이가 있다. 모두 해봐서 알겠지만 완벽한 워라밸은 존재하지 않는다. 매우 안정되고 규칙적인 업무를 하는 극소수 사람들만이 일과 삶을 완전히 분리할 수 있을 뿐이다. 미션과 비전에 따라 비즈니스 정글에서 생존해야 하는 회사에 소속된 직장인 대부분에게 워라밸은 이론에 나오는 이상이나 꿈에 그친다.

이 글을 쓰기 얼마 전, 이화여자대학교 강의가 예정되어 있었다. 그런데 내가 고열과 몸살에 시달리게 되자, 깍듯한 태도로 이화여자대학교에 강의 취소를 요청했다. 며칠 후에는 아이들이 심한 감기에 걸려 고열에 시달렸는데, 나는 몇 개의 업무 미팅을 정중하게 취소 요청했고 며칠간 오후 네 시에 퇴근하여 아이들을 보살폈다. 건강과 가족을 팽개쳐가면서 일하는 것은 우선순위의 가치에 맞지 않기 때문이다.

이 가치는 태그하이브의 모든 직원에게 똑같이 적용된다. 태그하이브는 유연근무제이다. 출근 시간은 오전 8시에서 11시 사이에서 본인이 선택한다. 그리고 하루 8시간 열심히 일한 후에 퇴근할 때는 아무런 눈치를 볼 필요가 없다. 야근보다는 8시간 안에 집중하여 일을 끝내는 것을 장려하고 있다. "사람 중심의 기업"을 표어가 아닌 실제 회사의 문화로 정착시켰다.

태그하이브에서 중요한 것은 'Trust each other'의 가치이다. 이를 위해서는 커뮤니케이션이 중요하다. 신뢰는 커뮤니케이션에서 나오기 때문이다. 커뮤니케이션은 신뢰의 토대이다. 신뢰가 있어야 오래갈 수 있다. 커뮤니케이션이 좋은데 왜 감시해야 하는가? 직장에 CCTV를 설치하지 않은 이유도 직원들의 성실성을 믿어 의심치 않기 때문이다. 가족이 서로를 신뢰해야 가정이 유지될 수 있듯이, 직장에서 서로 신뢰해야 팀 빌드가 가능하다.

# Respect:
## 앞서나가는 사람 등을 밀어줘라

삼성전자에서 근무하면서 훌륭한 상사와 선배를 많이 만났다. 그들은 나에게 롤모델이 되어주었다. 그들이 일하는 방식은 지금까지 나에게 깊은 영향을 끼쳤다. 초일류 조직이 어떻게 일하는지를 보여주는 살아 있는 교과서로 내가 벤치마킹할 수 있는 기회를 주었다.

물론 인도의 여러 회사나 조직들도 저마다 나름대로 성과를 내는 방식이 있다. 일하는 방식, 사고방식, 의사결정 방식이 존재한다. 하지만 삼성전자의 상사와 선배들이 만들어온 조직문화와 사고방식이 신기할 만큼 내게 무척 잘 맞았다. 나는 삼성에서 팀장은 어떻게 일해야 하는지, 열정을 가진 사람은 어떻게 일하는지, 차별화라는 것은 어떻게 만드는지, 치밀한 분석을 어떻게 하는지, 전략은 어떻게 세우는 것인지를 배울 수 있었다. 그 배움은 지금까지 이어져 태그하이브를 경영하는 데 큰 도움이 되고 있다.

그런데 인도를 떠나서 일하면서 낯선 문화를 접해야 했다. 이것이 한국 고유의 문화인지, 아니면 한국에 퍼져 있는 군대 문화의 특성 때문인지는 모르겠다. 한국에서는 '나이'에 따라서 서열을 나누고 나이를 중심으로 손윗사람과 아랫사람을 구분한다. 그리고 손윗사람은 여러 가지 이유로 아랫사람을 닦달할 권위를 지니게 된다. 더 심한 것은 손윗사람인 상사보다 손아랫사람인 팀원이 조금이라도 더 잘하는 것을 용납하지 못하는 경향이다.

나는 이런 모습을 자주 경험했다. 팀 안에서 손아랫사람이 상사인 손윗사람보다 더 잘하면 그가 성장하지 못하도록 견제하기도 했다. 이런 행동은 도저히 이해할 수 없었다. 이런 견제는 더 잘하라는 측면의 지도나 질책과는 차이가 있었다. 팀원들에게는 마이너스가 되었고, 조직 전체적으로는 창의성과 열정이 경직되는 심각한 문제를 낳았다.

언젠가 식당에서 수족관에 게들을 넣어둔 것을 본 적이 있다. 그런데 게들의 집게발은 하나같이 잘려져 있었다. 나중에 알고 보니 게를 잡으면 집게발부터 먼저 잘라놓는다고 한다. 싸우다가 다치지 않게 하기 위해서라고 한다. 잘하는 후배를 견제하고 억압하는 상사의 행동은 팀원들의 집게발을 잘라놓는 것과 다름없었다.

상사인 나보다 앞서나가면 안 된다며 뒷덜미를 잡는 행

동, 부하가 상사보다 더 빨리 정상에 오르지 못하게 방해하는 편협한 행동이 문화의 탈을 쓰고 굳어 있었다.

나는 이런 악습을 접할 때마다 등산의 원리를 생각하곤 한다. 인도와 한국은 산이 많다는 공통점이 있다. 한국에는 주말마다 등산을 즐기는 사람이 꽤 많이 있는데, 인도에서도 네팔의 히말라야를 찾는 이들을 어렵지 않게 접할 수 있다.

산을 오르면 알 수 있다. 산 정상이 항상 비어 있다는 것을 말이다. 산 정상에 집을 짓고 사는 사람은 없다. 그런데 등산길에서 앞선 사람을 끌어내리면 그때부터 정체가 생긴다. 오히려 앞서나가는 사람의 등을 밀어주면 다 같이 빠르게 정상에 오를 수 있다.

앞서나가는 사람을 밀어주면 된다. 정상에 오르면 내려오기 마련이다. 정상에 집을 짓고 사는 사람은 없다. 그래서 정상에는 항상 빈자리가 많다. 남이 먼저 정상에 오르는 것을 방해하는 것은 어리석다. 그 사람을 밀어주고 나도 이어서 정상에 오르면 된다. 서로의 성실함을 신뢰한다면, 정상으로 오르는 사람을 밀어줘야 한다.

고 이건희 회장님은 1993년 6월 독일 프랑크푸르트에서 역사적인 '신경영 선언'을 발표했다. 개발도상국식 양적 경영에서 벗어나려면 품질에 신경을 써야 하며, 이를 통해 미국, 일본 등 선진국 기업을 넘어서자는 경영 목표를 선포한 것이다. 그리고 1993년 7월 일본 오사카에서 모인 삼성 임직원에게 이렇게 말했다.

"바뀌지 않을 거면 남 뒷다리라도 잡지 마라."

모든 사람이 열심히 할 수는 없지만, 최소한 열심히 하는 사람을 방해하고 견제하지는 말라는 취지로 이해된다.

나는 태그하이브를 경영하면서 나이나 성별을 중심으로 위아래의 서열을 만들지 않았다. 그 대신 잘하는 사람 등을 밀어주는 방식을 선택했다. 실력과 실무자 역량을 중심으로 성과를 낼 수 있도록 하고 있다. 나는 외국인 CEO이므로 한국식 연공서열이나 나이 중심의 수직적 조직구조나 사고방식에 얽매이지 않을 수 있다. 2002년 한국 축구를 세계 4강으로 올려놓은 히딩크 감독처럼 말이다.

# 후회하지 마 바보야,
# 중요한 건 지금이야

## 지각생의 호텔 회의실 면접

인도공과대학교에 삼성전자의 채용 소식이 알려졌다. 나는 2003년 12월 학교 게시판에서 삼성전자의 GSPGlobal Scholarship Program 모집 공고를 보았다. 외국에 대한 호기심이 강해서 독일까지 가서 인턴십을 했던 나에게 삼성전자가 제안하는 내용은 매우 인상적이었다. 서울대학교 대학원에서 장학생으로 공부하고, 졸업 후에는 한국의 삼성전자에서 근무하는 조건이었다. 조건이 파격적인 만큼 지원 자격이 까다로웠다.

나는 이 매력적인 기회를 놓치고 싶지 않았다. 내가 직접 한국에 가서 삼성전자의 문을 두드리지 않는 한, 삼성전자 면접을 볼 기회는 좀처럼 주어지지 않을 것이다. 이 기회를 놓치면 분명히 후회할 것이었다. 그래서 GSP 전형에 참여했다.

서류 심사와 1차와 2차 면접까지 마쳤다. 2차 면접 때는 삼성전자 김현수 부장님이 인도공과대학교가 있는 칸푸르 Kanpur까지 오셨다. 남은 3차 면접은 벵갈루루Bengaluru에서 진행된다고 했다. 칸푸르에서 2,000킬로미터나 떨어진 곳이다. 서울에서 부산까지가 약 400킬로미터이니 한 나라 안에서 이동하는 거리로는 매우 멀다.

인도에서 그 정도 거리를 움직이려면 기차와 비행기를 타야 하는데, 문제는 인도의 기차를 믿을 수 없다는 점이다. 약속한 시각에 출발해서 정해진 시각에 도착한다는 보장이 없었다. 고장이나 여러 사정으로 제때 도착하지 않는 경우가 많았다. 그래도 어쩔 수 없었다. 나는 칸푸르에서 뉴델리까지 기차로 이동한 후 그곳에서 벵갈루루로 가는 비행기를 탈 계획을 세우고, 항공권을 예매했다. 그런데 기차가 움직이지 않았다. 별다른 이유도 없이 말이다. 속이 새까맣게 타들어 갔다.

내가 발을 동동 구르고 있을 무렵, 김현수 부장님은 면접 준비를 끝내놓고 참석자들에게 확인 전화를 했다. 그런데 나만 연락이 되지 않았다고 한다. 하필 전화가 잘 터지지 않는 곳에 있었기에, 연락조차 제대로 되지 않았던 것이다. 엎친 데 덮친 격이었다.

나는 원래 인도의 타타자동차에 입사할 예정이었다. 그래서 규정에 따라 삼성전자가 주최한 설명회에는 참석하지 못했다. 하지만 학교 게시판에서 삼성전자 GSP 공고를 보고 마음을 바꾸었다. 전자공학을 공부한 나에게 삼성전자는 매우 익숙하면서도 인상적인 글로벌 기업이었다. 삼성전자 휴대폰을 사용할 정도로 삼성전자를 좋아했다. 서류 심사와 1차, 2차 면접은 순조롭게 진행되는 듯했는데, 유독 3차 면접 날 운이 나빴다. 기차가 더디 움직이는 바람에 면접장으로 향하는 비행기를 놓쳤다. 거기다 김현수 부장님의 전화조차 받지 못했다. 한마디로 나는 삼성전자 최종 면접 날 지각에 연락두절인 상태였다.

그러다 간신히 부장님과 통화 연결이 되었다. 나는 상황을 설명했다. 기차가 움직이지 않아 비행기를 놓쳐서 도저히 면접 시간에 못 맞출 것 같다고 말할 때는 울고 싶은 심정이었다. 이때 전화기 너머에서 김현수 부장님의 목소리가 들렸다. 정중하지만, 단호한 음성이었다.

"판카즈, 삼성전자에 정말 입사하고 싶어요?"

나는 한 가닥 희망을 품고 확실하고 큰소리로 대답했다.

"네! 반드시 입사하고 싶습니다."

그러자 김현수 부장님이 이렇게 대답했다.

"멀리서 힘들게 오는 건 알고 있어요. 그렇다고 해서 혼자 봐줄 수는 없습니다. 일단 여기는 내가 설득해볼 테니 최대한 빠르게 수단과 방법을 가리지 말고 와보세요! 그럼 몇 시쯤 도착할 것 같습니까?"

김현수 부장님의 말에서 실낱같은 희망이 느껴졌다.

"벵갈루루까지 바로 가는 비행기는 도무지 시간이 맞지 않아요. 어떻게 해서든지 다른 비행기를 잡아타고 뉴델리에서 뭄바이Mumbai를 거쳐서 벵갈루루까지 가겠습니다. 적어도 오후 5시쯤에는 공항에 도착할 것 같습니다."

"좋아요. 그럼 여기서 면접 시간을 변경해보도록 할게요."

김현수 부장님은 면접에 늦은 지원자에게 최대한의 배려를 해주었다. 하지만 절망적인 마음이 생기는 것은 어쩔 수 없었다.

'최종 면접에는 삼성전자 임원들과 서울대학교 교수님들이 여러 명 참석한다고 했는데, 바쁜 그분들이 기다려주지 않으면 어쩌나…'

머릿속이 하얗게 되었다. 그래도 포기할 수 없었다.

수단과 방법을 가리지 않고 2,000킬로미터를 가야만 했다. 여러 교통수단을 이용하여 간신히 벵갈루루에 도착했다. 그런데 면접장의 면접이 이미 끝났기에 호텔로 가야 했다. 그리고 호텔 회의실에서 면접 기회를 잡을 수 있었다.

나중에 알게 되었지만, 김현수 부장님은 면접관이셨던 서울대학교 이상욱 교수님, 전국진 교수님, 차상균 교수님과

안승준 전무님 등 삼성전자 임원들을 끝까지 설득하여 면접장이 아닌 호텔 회의실에서 면접을 볼 수 있도록 배려했다.

고맙게도 면접관들은 늦게 도착한 나를 기다려주셨다. 비록 지각을 하는 바람에 호텔에서 면접을 보게 되었지만, 나는 흔들림 없이 면접에 집중했다. 자신 있고 당당한 태도로 자기소개를 하며 지원 이유를 밝혔다.

면접 자리에서 삼성전자 임원분들은 전자공학과 관련된

**면접 볼 때 한 "한국어를 잘 공부해 일하겠다"라는 대답은 예언처럼 이루어졌다.**

질문을 했다. 이어서 "면접 보러 멀리서 힘들게 왔는데 떨어지면 어떻게 할 것인가?"와 "한국어를 못하는데 배워서 일할 수 있겠느냐"는 질문이 나왔다.

전자공학 관련 문제는 화이트보드에 풀어가며 해설하고 정확한 답을 낼 수 있었다. 면접에 떨어지면 재도전하겠다는 의사도 확실히 밝혔다. 하지만 한국에는 가본 적도, 한국어를 한마디도 할 줄 모르는 내가 "한국어를 배워서 일할 수 있겠냐"는 질문에 답할 때는 막막한 느낌도 들었다. 하지만 의지를 담아 단호하게 대답했다.

"네, 할 수 있습니다. 잘 배워서 열심히 일하겠습니다."

돌이켜 생각해보면, 그때 진심이었지만 확신은 없었다. 면접에서 떨어지면 다시 준비해서 도전하겠다고 면접관들

한국 근무 초창기 한국어 실력이 늘어나면서 방송 참여 기회가 생겼다.

에게 강한 어조로 말한 것은 속마음 그대로였다. 그러나 한국어를 잘 배울 수 있다는 데는 솔직히 자신이 없었다. 당시 한국어의 '안녕'조차 몰랐고, 내게 "한국어를 배워 일할 수 있겠느냐"라고 질문하리라고 예상하지 못했다. 그래도 지원자의 강력하고 진심이 담긴 의지를 전하는 것이 꼭 필요했다.

한국어에 능숙해지면서 KBS 〈미남들의 수다〉 프로그램에 패널로 초대되어 한국 방송에 출연할 기회도 얻었다. 이것은 아주 흥미롭고 재미있는 경험이었다.

## 지금 이 순간에 집중하기

나는 지금 주어진 순간을 중요하게 생각한다. '지금 최선을 다하지 않아도 다음 기회가 있다'라는 생각을 해본 적이 없다. 지금 아니면 기회가 없다고 믿고 순간순간에 매진했다. 나중에 후회하지 않기 위해서이다. 지각을 하긴 했지만, 진심과 열정을 다해 면접에 임했고, 예상하지 못했던 한국어 학습 과제를 안게 되었다. 한국어를 열심히 배우겠다는 다짐을 했고, 한국어를 배울 수 있는 좋은 환경을 최대한 이용해 제대로 배우고자 분투했다. 이러한 노력은 지금 한국어를 사용하며 사업하는 토대가 되었다.

나중에 후회하지 않기 위해 '지금'에 집중하는 태도는

삼성에 입사하는 기회로, 한국어를 배우는 기회로, 한국에서 스타트업을 경영하는 기회로 이어졌다. 지금도 'No Regrets(후회는 없다)'라는 모토를 중요하게 여긴다.

기차가 움직이지 않아 비행기를 놓쳤을 때, 자포자기하지 않았다. 심지어 전화 연결이 잘 안 되어도 어떻게든 면접에 참석하고, 삼성에 입사하겠다는 확고한 의지를 가졌다. 이 순간 주어진 기회를 놓치면 평생 후회할 것 같았기 때문이다.

늦게 호텔에서까지 면접을 보게 만든 지각생 면접자가 곱게 보일 리 없었겠지만, 삼성전자 면접관들은 바로 지금에 집중하는 나의 자세를 좋게 봐주셨던 것 같다. 나는 지금에 최선을 기울임으로써 삼성전자에 입사하는 기회를 얻었다.

1. 아무도 보지 않을 때 무엇을 하는지, 스스로 물어봐야 한다. 감시를 받아야만 성실할 수 있다면 그것은 노예의 자세이다. 자신을 노예로 취급하는 태도는 끔찍하고도 비극적이다.

2. 개인적·직업적 성공을 달성하기 위해 인생의 중요한 일을 정의해야 한다. 우선순위를 결정하는 데는 용기가 필요하다. 나의 우선순위는 건강, 가정, 일 순서이다. 회사에서도 마찬가지다. 일을 위해 건강과 가정을 희생하지 않는다. 거꾸로 건강과 가정을 위해 일을 소홀히 하지 않는다. 오히려 일을 통해 가정과 건강을 지킬 수 있기에 더 열심히 하게 된다. 우선순위에 따른 균형과 책임을 배분할 수 있다.

3. 잘하는 사람을 끌어내리는 문화는 없애야 한다. 잘하면 등을 밀어서 더 잘나가게 해줘야 한다. 잘하는 사람 뒷다리는 잡지 말자. 산 정상은 항상 비어 있다. 열심히 밀어주다 보면 같이 정상에 오른다.

4. 후회하는 가장 빠르고 좋은 방법은 나중으로 미루는 것이다. 바로 지금이 아니면 나중이란 것은 존재하지 않는다.

# Chapter 3

## 균형

MAXIMIZE
Your
Life

9회 말, 투 아웃, 투 스트라이크에서 나를 구해준 것

월급의 10배, 100배로 회사에 돌려줘라

'100-1=99'는 수학책에서만 존재한다

쉽다, 어렵다는 애초부터 정해져 있지 않았다

# 9회 말, 투 아웃, 투 스트라이크에서 나를 구해준 것

## 포기하지 않는 긍정적인 마음

"ALWAYS STAY POSITIVE. BELIEVE ME, ANYTHING IS POSSIBLE."

만약,

면접 때 기차가 운행하지 않는다고 자포자기하여 집으로 되돌아갔다면?

부장님 전화를 받았을 때, "이미 면접 시간에 늦었고 틀렸으니 난 안 하겠다"고 말했다면?

타타자동차에 들어갈 수 있으니 이번 면접은 안 봐도 된다고 생각했다면?

내가 한국에서 삼성전자에 취업할 기회도, 서울대학교 석사과정을 공부할 기회도, 하버드 MBA 과정을 공부할 기회도 없었을 것이다. 물론 태그하이브는 없었을 것이고, 교육 격차를 해소하는 플랫폼 클래스 사티도 세상에 나오지 못했을 것이다. '이 세상을 더 나은 곳으로 만드는 데 기여하겠다'는 나의 미션도 이뤄지지 않았을 것이다.

삼성전자 3차 면접에서는 모든 것이 나를 도와주지 않았다. 2,000킬로미터 떨어진 면접장에 가기 위해 서둘러 출발했지만, 나의 의지와는 다르게 기차는 멈춰 있었고, 비행기는 놓쳤다. 그렇지만 그냥 이번 기회는 틀렸다고 생각하고 싶지 않았다. 무조건 가야 한다고 생각했다.

부끄럽지만, 울고 싶은 생각이 들었다. 실제로 부장님과 간신히 연락되었을 때 눈물이 나올 정도로 고마운 마음이었다. 포기하고 싶은 마음은 0.1퍼센트도 없었다. 나의 의지와 관계없이 환경과 여건 때문에 포기를 선택하고 싶지 않았다. 늦었지만 무조건 삼성전자 임원진이 머물던 호텔로 찾아갔다. '포기하지 않으면 된다'는 생각밖에 없었다. 마지막까지 결과는 알 수 없으니 긍정적으로 받아들이기로 했다.

긍정적인 생각은 태도를 만들고 이런 태도는 주변 사람들에게 전파된다. 누가 봐도 삼성전자 3차 면접에서 탈락할 것처럼 보였다. 일단 면접 시간에 늦었고, 임원진들은 모두 호텔로 돌아갔기 때문이다. 그나마 부장님과 간신히 연결된

통화에서 끝까지 희망을 놓지 않았다. 지레짐작 포기하지 않고 실오라기 같은 가능성에 매달렸다.

우리는 긍정적 마음가짐과 동기를 유지하기 어렵게 만드는 도전과 장애물에 직면하곤 하는데, 이때가 중요하다. 상황이 나빠도 긍정적인 마음가짐을 유지하는 것이 중요하다. 나는 삼성전자 3차 면접을 치르며 이 사실을 알게 되었다. 자신의 능력을 믿으면 어떤 장애물도 극복하고 마음먹은 것은 무엇이든 이룰 수 있다는 것을 말이다. 이것은 〈Maximize Your Life〉라는 나의 강의 제목이 되었다.

2년 전 어머니가 돌아가신 이후로, 가끔 죽음에 대해 생

Lesson #7

THE FOOL DIDN'T KNOW
IT WAS POSSIBLE,

SO HE DID IT.

"ALWAYS STAY POSITIVE.
BELIEVE ME, ANYTHING IS POSSIBLE"

#NEVER GIVE UP

#WHATEVER HAPPENS, HAPPENS FOR GOOD

#WHATEVER DOESN'T HAPPEN, HAPPENS FOR BETTER

**긍정적인 삶의 자세는 내 강의의 주제이기도 하다.**

각해본다. '욜로YOLO, You Only Live Once'라는 말처럼 한 번만 살고 다 죽는다. 죽는 것은 이미 정해진 일이 아닌가. 그렇다면 긍정적으로 살아야 한다. 언젠가 삶은 끝나기 마련이고 시간은 한정되어 있다. 기회는 늘 '지금'이다. 위기라도 긍정적으로 봐야 한다.

긍정적인 태도와 긍정적인 생각은 일종의 에너지다. 앞에서 엑셀 시트에 나의 하루를 정리하고 있다고 이야기했었는데, 그것을 보면 10년 전 사건과 사고를 관찰해볼 수 있다. 그때는 정말 힘들게 느껴졌던 일들을 10년이 지난 지금 돌이켜보면 정말 '아무것도 아닌 것'임을 깨닫곤 한다. 지금의 어려움과 난관, 고통스럽다고 생각되는 여러 가지 일들은 그저 지나가는 것이다.

'이 또한 지나가리라This, too, shall pass away'라는 생각은 책에만 적혀 있는 글귀가 아니다. 내 삶에서 이뤄지는 현실이다. 사실 삼성전자 3차 면접을 넘어선 이후에도 어려움이 적지 않았다. 인도에서 온 학생이 한국에서 공부하고 이후 한국에서 직장생활을 할 때 얼마나 많은 어려움이 있었겠는가? 어려움에 직면할 때마다 면접 당시 내 모습과 엑셀 시트에 적혀 있는 수많은 기록을 상기해본다.

## 9회 말, 투 아웃, 투 스트라이크 상황

난관과 위기가 닥칠 때마다 9회 말, 투 아웃, 투 스트라이크 상황처럼 느껴졌다. 여차하면 아웃이 되고 경기가 패배로 끝날 것처럼 느껴졌다. 그때마다 나를 구해준 것은 긍정의 힘, 감사의 힘이었다. 사실 삼성전자의 3차 면접은 시작에 불과했다. 삼성에 입사한 후 난생처음 온 한국에서의 삶은 정말 힘들었다. 공부는 물론 회사, 문화, 언어까지 모든 상황이 9회 말, 투 아웃, 투 스트라이크 상황 같았다. 오죽하면 6개월 만에 인도로 되돌아갈 생각을 했겠는가?

여러분이 남해안의 외딴섬에서 태어나 그곳에서 성장했는데, 한 번도 가보지 못한 유럽 스칸디나비아반도 어느 나라에 가서 스칸디나비아어를 배워서 일해야 하는 조건으로 취업했다고 가정해보자.

2년간 그 나라 대학원을 다니면서 공부와 회사생활을 하되 공부 후에도 모든 일은 스칸디나비아어로 해야 한다. 문화, 식생활, 사고방식, 언어 모든 것이 다른 상황에서 그 나라 회사의 팀에 들어가 일하면서 승진도 해야 하고, 나중에 그곳에서 창업하여 그 나라 사람들을 고용하여 함께 일한다고 가정해보자.

여러분이라면 이 모든 과정을 대하면서 어떤 심정일까? 정말 어렵다는 생각을 자주 하게 될 것이다. 사실 나에게도 모든 것이 쉽지 않았다. 모든 상황이 9회 말, 투 아웃, 투 스트라이크 상황과 같았다. 여차하면 밀려날 수 있는 형국이었다. 하지만 내게는 '긍정적인 생각'이라는 자산이 있었다.

남해안의 외딴섬에서 태어나 한 번도 외국에 나가본 적 없지만, 스칸디나비아반도의 어느 회사에 들어가 업무를 배우고 그곳에서 사업까지 해야 하는 상황을 떠올려보면 독자 여러분도 어렵고 힘든 상황을 이해하실 수 있을 것이다.

내가 그랬다. 나는 네팔 근처 인도에서 태어나 한 번도 가보지 않은 한국에서 학교도 다니고, 미국 유학도 다녀오고, 회사에서 일하다가 창업도 했다. 더 나아가 인도인이 한국에서 사업하는 것은 누가 봐도 어렵게 느껴질 것이다. 심지어 한국인도 스타트업을 창업하여 경영을 이어가는 것을 힘들어한다.

하지만 긍정과 감사의 마음으로 생각해보면 이 기적 같은 일은 내게 주어진 '시련'이 아니라 '선물'이 아닐까 하는 생각으로 접근할 수 있었다. 마음만 바꾸면 시련도 도약의 발판이 된다.

어린 시절부터 집에서 230킬로미터 떨어진 유치원 기숙사에서 지내고 전기와 인터넷은 고사하고 책걸상도 갖춰지지 않은 교실 바닥에서 공부한 내게 선물과 같은 일들이 찾아왔다. 인도공과대학교에 진학하여 졸업했다. 사회 인프라가 제대로 갖춰지지 않은 인도의 현실 때문에 삼성전자 취업 기회를 놓칠 뻔했다가 가까스로 면접을 거쳐 한국에서 초일류 기업 삼성전자에서 일할 기회를 얻었다. 그리고 서울대학교 대학원과 미국 하버드 MBA에서 공부할 기회를 누린 것은 실로 엄청나고 감사한 일이 아닐 수 없다.

삼성전자에 입사한 후 오전 10시부터 밤 10시까지 연구실에서 지내며 학교도 다니고 일도 해야 했다. 결혼생활도 눈코 뜰 새 없이 바빴다. 아이도 낳고 회사 일, 가정 일을 병행해야 했다. 외국인으로서 언어, 문화, 생활양식 등 모든 것이 장벽으로 다가왔다. 무엇보다도 나를 믿고 한국에 온 아내가 너무나 고생스러울 것 같다는 생각이 들었다. 이 때문에 인도로 돌아갈 생각도 잠시 했었다.

하지만 고맙게도 아내는 한국 생활에 나보다 더 잘 적응해주었고, 나를 격려해주었다. 오전 8시만 되면 한국어 어학원으로 향하여 열심히 공부한 덕에 한국어가 나보다 더 빨리 늘었다. 시간이 날 때마다 나에게 한국어를 가르쳐주었다. 아내의 전적인 격려와 응원 덕분에 다시 한국에서의 빡빡했던 연구소와 학교에서의 생활을 이어갈 수 있었다. 한국에서 모든 것을 해낼 수 있던 이유는 아내의 응원과 격려 덕분이었고, 아내는 포기하는 대신 한국 생활을 즐기는 방법을 알려주었다. 돌이켜보면 아내가 있었기에 지금까지 한국 생활이 가능했다.

내가 감사한 이유, 내가 긍정적일 수 있는 이유가 또 하나 있다. 구글의 CEO 순다르 피차이Sundar Pichai의 사례와 비슷하다. 그는 나처럼 인도에서 태어나 대학에 들어가기 전까지 컴퓨터를 구경도 못 해본 사람이었다. 장학금을 받아 스탠퍼드대학교에 진학할 때까지 자신의 전용 컴퓨터를 갖지 못한 사람이었지만, 그는 구글의 CEO가 되었다.

그는 미국에서 처음으로 백팩을 샀는데 그 가격은 그의 아버지가 한 달간 일해야 받을 수 있는 월급 수준이었다고 한다. 그래서 큰 충격을 받았고, 또한 미국에서는 아무 제약 없이 컴퓨터를 마음껏 이용할 수 있다는 사실에 충격을 받았다고 한다.

**구글 CEO 순다르 피차이 역시 인도 출신이다.**

나도 이와 비슷하지 않을까 싶다. 내가 자란 인도는 모든 것이 불확실하고 열악하다. 심지어 집에 화장실조차 없는 경우가 많다. 인도에서는 집에 화장실이 있는 것이 결혼 조건이 될 정도이다. 하지만 한국은 모든 것이 정확하게 돌아가고 환경이 잘 갖춰져 있다. 국제전화 국가번호 '82'처럼 모든 것이 빠르고 정확하다. 그리고 풍부하다. 이런 환경을 처음 경험했을 때 천국이 따로 없었다. 스스로 가지고 있는 감사의 힘, 긍정의 힘은 여기서 나온다.

여러분이 가지고 있는 것, 대수롭지 않게 생각하고 이용하는 것 중에는 인도에서는 부자들만 누리는 것들이 많다. 마음대로 쓸 수 있는 전기, 깨끗한 수돗물, 빠른 인터넷, 개인용 컴퓨터와 노트북, 깨끗한 화장실, 안전한 주택, 매우 안정된 치안, 얼마만 내면 탈 수 있는 빠르고 쾌적한 지하철, 누구나 구입할 수 있는 승용차…. 이 모든 것들은 한국에서는 별것 아니지만, 인도에서는 엄청나게 귀한 것이다.

감사의 눈을 가지고 여러분이 처한 현실과 조건을 바라본다면 모든 게 달라질 것이다. 스스로 동기부여가 되는 것은 물론 긍정적인 마음을 갖지 않을 수 없을 것이다. 긍정의 힘, 긍정의 능력, 감사의 힘은 삶의 목표를 마음껏 달성하게 해준다. 따라서 모든 일을 '쉽다, 어렵다'로 나눠서 단정 짓지 않았으면 좋겠다. 여기에 대해서는 뒤에서 따로 이야기하겠다.

# 월급의 10배, 100배로
# 회사에 돌려줘라

## 오너 입장에서 생각해보라

삼성전자에 합격하여 인도를 떠날 즈음 내게 아버지가 입이 마르고 닳도록 강조하고 또 강조했던 것이 있다. 아버지는 고향에서 작은 철강 회사를 운영하셨는데, 작은 사업을 하시면서 깨달은 것을 회사 오너의 마음, 회사의 입장을 담아 들려주셨다. 때로는 간곡하게, 때로는 단호하게 이렇게 말씀하셨다.

"판카즈, 네가 삼성에 취업하면, 삼성에서 받은 돈의 10배, 100배는 일해라. 그리고 그것을 회사에 벌어주어라. 회사가 너에게 주는 돈은 어디서 주워온 것이 아니다. 회사도 힘들게 번 돈을 너에게 주는 것이다. 시간은 둘째치고, 받은 돈의 10배, 100배로 일해서 회사에 돌려주거라."

　　인도의 카스트 제도상 바이샤(상인·농민) 계급 출신인 아버지는 인도에서도 시골 중의 시골인 비하르에서 작은 철강 관련 사업을 하셨고, 사업장에서 일하는 직원들에게 돈을 주어야 하는 입장이셨다. 때로는 그들이 시간이나 때우고 일을 대충 하거나, 엉터리로 할 경우도 있었다. 그래서 일이 잘못되면 회사 돈으로 손실도 메워야 했고 때로는 아버지 돈으로 메우기도 하셨다. 작은 회사를 운영하면서도 직원들이 대충대충 일하거나 적당히 시간만 때우고 돈을 달라는 모습을 많이 경험했다. 그래서 아들인 내가 대충 일하거나 시간만 때우고 집에 돌아가는 무책임한 직원이 되면 절대 안 된다고 생각하셨던 것 같다.

　　아버지는 내가 삼성에서 월급을 받으면, 그것이 당연히 받아야 할 보상이라고 생각하지 말고, 회사가 그 돈을 벌기까지 한 수많은 노력을 생각하라는 뜻의 이야기를 하셨다. 그래서 받은 돈의 10배, 100배로 돌려준다는 각오로 일하라는 것이다.

　　한국에 와서 서울대학교 대학원에 다니던 학생 시절에는 아버지의 당부를 크게 의식하지 않았다. 하지만 인턴 생활을 하며 독일과 스위스 등 다양한 국가에서 근무 경험을 쌓으면서 아버지의 말씀이 또렷하게 되살아났다. 아버지가 신신당부하신 말씀은 국경을 초월해서 모든 회사에 통용된다는 점을 알게 된 것이다.

## 전 세계 모든 기업에 통하는 성공 원칙

삼성에서 일하면서 여러 상사와 동료를 만났는데, 그들은 각자 마인드가 달랐다. 어떤 분들은 '딱 월급만큼만 일하겠다'라는 생각으로 일했다. 물론 그렇지 않은 분들이 더 많았다. 나는 아버지의 교훈을 따라 월급의 10배, 100배는 일하려고 했다.

수억 원 넘는 돈이 투입된 프로젝트가 좌초될 분위기가 보이면 앞장서서 마무리했다. 수억 원짜리 일을 그냥 날릴 수 없는 노릇이다. 만약 프로젝트가 좌초된다면 회삿돈 수억 원이 허공으로 사라진다. 그래서 나는 "절대로 그만두지 말고 추진해서 결과를 만들자"라고 강하게 주장하며 프로젝트가 중단되지 않도록 노력했다.

또한, 50개가 넘는 국제 특허를 발명하여 회사 이름으로 등록시켜 회사의 재산을 늘려나갔다. 아버지가 말씀하신 대로 내 월급보다 10배, 100배 결과를 만들려고 했다.

사실 아버지의 가르침은 모든 나라, 모든 회사의 성공학 원리였다. 나는 경험을 통해 이 사실을 깨달았다. 독일, 스위스, 인도, 한국, 미국에서도 모두 똑같이 적용되었다. 국적과 인종, 국경을 넘어서 사람은 모두 똑같다. 성실하지 않은 직원을 싫어한다. 그리고 직원에게 지출한 것보다 더 큰 수입을 원한다. 칭찬을 받으면 누구나 좋아하고, 욕을 들으면 누구나 싫어한다. 사람의 핵심Core은 모두 똑같다.

아버지는 학력이나 학식이 높은 분은 아니셨다. 그런데 사람의 핵심은 누구보다도 더 잘 알고 계셨다. 인도를 떠날 때까지 아버지가 입이 마르고 닳도록 이야기하신 "시간 생각하지 말고 월급보다 10배, 100배는 일하라"는 교훈은 한국에서 지금까지 성공의 발판이 되었다.

창업하여 스타트업을 이끌고 있는 지금도 나는 태그하이브 주식회사에서 월급을 받는 CEO이다. 회사에서 월급을 받으니, 열심히 일하여 받는 돈의 10배, 100배를 회사에 돌려준다는 원칙은 여전히 유지되고 있다.

# '100-1=99'는
# 수학책에서만 존재한다

## 세상은 수학 공식처럼 굴러가지 않는다

수학은 매우 중요하다. 오늘날 우리가 살아가는 세상에 없어서는 안 되는 것이다. 우리가 배우고 사용하는 수학은 오랜 세월 세상 사람들이 필요에 따라 하나둘 만들고 발전시켜온 것이다. 오늘날 수학은 첨단 과학의 핵심이자 기반이 되고 있다. 수학은 물리학, 통계학, 컴퓨터과학 등을 구성하며 날씨, 천문 등 수없이 다양한 분야에서 활용될 수 있다.

내가 삼성전자 엔지니어로 근무하며 무선 TV 개발에 몰두하던 시절에는 모든 것이 수학 공식에 맞아떨어졌다. 수학책처럼 '1+1=2'이고 '2+2=4'이며 '100-1=99'였다. 그 무렵 나는 삼성 나노 TV에 사용할 세계에서 가장 얇은 전력 모듈(9.9밀리)을 연구개발했는데, 답은 정해져 있었고 개발자는 그 답을 찾는 게 과제였다.

그런데 이 당연한 수학 공식이 현실에서 먹혀들지 않을 때가 있음을 점차 알게 되었다. 수학이 삶의 모든 문제를 푸는 만능 법칙은 아니었다. 삼성전자에서 미래혁신팀 매니저로 일할 때나 크리에이티브리더팀을 이끌 때, 태그하이브 창업자이자 CEO로서 불확실성을 직면해야 할 때 그 사실을 알았다. '100-1'의 답은 99가 아니라 0이 될 수 있다는 것을 말이다.

'100-1=99'는 수학 공식으로 수학책에서 존재한다. 그런데 현실에서는 '100-1=0'이 될 수 있는 사례가 너무 많았다. 비즈니스 정글은 전쟁터나 마찬가지다. 전장 한복판에서 잘못된 예측, 잘못된 개발 하나로 회사가 몰락할 수 있다. 이것은 수많은 경영 사례에서 발견된다. 하나를 잘못했을 뿐인데 회사 전체가 0이 되는 사례는 너무 많다.

우리가 잘 아는 '깨진 유리창의 법칙'도 '100-1=0'이 될 수 있음을 보여준다. 한적한 골목에 보닛을 열어놓은 자동차 A, B가 있다. 이 중 B 자동차만 유리창을 깨뜨려놓고 1주일간 관찰하였을 때 A 자동차는 처음과 별로 달라지지 않았지만, B 자동차는 형체를 알아보기 힘들 정도로 파손되었다.

깨진 유리창 이론은, 초기 조건의 작은 차이가 최종 현상에서 매우 커다란 차이를 낳음을 여실히 보여준다. 이는 사소한 차이가 예기치 못한 불행을 만들어내기 쉬우며 그 결과가 매우 파멸적일 수도 있음을 경고한다.

"초기 조건의 작은 차이가 최종 현상에서 매우 커다란 차이를 낳는다. 초기 상태의 작은 오류는 최종 상태에서 어마어마한 오류를 낳는다. 예측은 불가능해지고 우리는 뜻밖의 결과를 얻게 된다."

프랑스 수학자 앙리 푸앵카레Henri Poincare의 말이다.

1퍼센트의 실패가 100퍼센트의 실패를 부르는 사례는 많다. 어마어마하게 큰 실패도 실제로는 작은 실패로부터 비롯된다. 1995년 문을 닫은 영국계 은행 베어링스가 대표적인 사례이다. 이 은행은 직원 닉 리슨Nick Leeson이 파생상품 등 거래에서 많은 이익을 올리자, 그를 너무 신임한 나머지 분리해야 할 거래와 결산 업무를 함께 맡기는 실수를 저지른다. 리슨은 이 때문에 눈덩이처럼 불어난 손실을 감출 수 있었고, 베어링스가 이를 알게 된 때는 이미 돌이킬 수 없는 지경이 된 후였다.

세계 5대 브랜드 중 하나였던 코닥은 어떠한가? 망하지 않을 것 같던 사진 제국 코닥은 2012년 1월 19일 파산보호 신청을 했다. 디지털 시대를 대비하지 못한 것이 결정적인 이유였다. 아이러니하게도 코닥연구소는 세계 최초로 디지털카메라를 개발했었다. 그런데도 불구하고 코닥은 필름 사업에 치중하다가 결국 한 번의 판단 실수로 시장에서 사라지고 만 것이다.

우리가 살아가는 세계에서 '100-1=99'라는 공식이 통용되지 않을 때가 많다. 태그하이브는 늘 이 사실을 경계하고 있다. 비즈니스라는 망망대해이자 정글에서 길을 잃지 않기 위해 북극성 같은 회사의 가치와 미션, 비전을 바라보며 나아간다. 그러면서 예상치 못한 것들까지 예측하면서 미래의 방향을 발견하고자 눈을 부릅뜨고 있다. 비전은 나와 개인을 결정하는 미래의 기억들이다. 목적지가 분명하면 한 방향으로 속도를 내어 달릴 수 있다.

개발자로서 일할 때는 항상 예측 가능했기에 '정답'이란 목적지를 쉽게 찾을 수 있었다. 하지만 좀 더 높은 직급으로 가보니 정답이라는 것은 쉽게 찾을 수 없었다. 모든 것을 결정하고 책임을 저야 하는 회사 대표가 되어보니, 상황마다 질문을 던져 스스로 해답을 찾아내고 돌파하는 것 외에는 불확실성을 대비할 방법은 없었다.

개발자의 업무가 혼자 하는 달리기였다면, 회사 운영은 단체 경기라 볼 수 있다. 다양한 사람들이 모여 하나의 경기에 집중하는 단체 경기에서는 개인기와 팀워크가 어우러져야 하기에 조화가 필요하다. 여기에도 질문에 대한 답을 찾아야 했다.

질문을 던지고 답을 찾는 것은 학력과 자격증을 가졌다고 할 수 있는 일이 아니다. 내가 인도공과대학교, 서울대학교 대학원, 하버드 MBA에서 공부했다고 이것을 잘할 수는 없다. 과거에 이건희 회장님과 워런 버핏Warren Buffett을 만난 경험이 있다고 잘할 수 있는 것도 아니다. 이런 표면적인 것들은 회사의 성공을 보장하지 않는다. 매출을 올릴 수도 없고 수시로 바뀌는 산업 지형을 예측할 통찰력을 주지도 못한다.

학위나 학벌만으로 성패가 결정되는 곳은 오직 학교밖에 없다. 경영 현장에서는 무용지물이 될 수 있다. 혼자 똑똑한 것보다 모두의 동참을 이끌어내는 경영이 진짜다. 나보다 똑똑한 우리를 만드는 것이 진짜 능력이다. 그래서 나는 학위나 자격증, 머리에 든 지식으로 문제를 해결하겠다는 생각은 진작에 내려놓았다.

경영의 최전선에서 보니 사람에게 답이 있고, 현장에 답이 있었다. 그래서 나보다 더 뛰어난 임직원분들을 모시는 데 주저하지 않는다. 또한, 교과서가 아닌 현장에서 답을 찾고자 현장을 방문한다. 성실성과 긍정성, 그리고 현장의 디테일한 분위기를 몸으로 직접 느끼는 적극성이 없이는 성장할 수 없다. 이것을 인정하기에 인도든 한국이든 현장을 찾아가는 것을 마다하지 않고 있다.

## 오마하의 현인 워런 버핏이 부자가 된 이유는?

세계적인 투자자 워런 버핏과 만날 기회가 있었다. 미국 MBA 유학 시절, 학교에서 20여 명에게 워런 버핏을 만날 기회를 주었다. TV 화면과 언론 기사로만 보던 세계적인 투자자 워런 버핏과 함께 식사하며 이야기를 나눈 시간은 매우 인상적인 기억으로 남아 있다.

'오마하의 현인'으로 불리는 워런 버핏은 2010년《포브스》선정 세계 3위의 부자이다. 2020년에는 29억 달러(약 3조 5,000억 원) 상당의 버크셔해서웨이 주식을 자선단체에 기부하여 화제가 되었다.

조 단위의 재력을 가진 거부이지만, 워런 버핏은 검소한 미국 시골 할아버지 모습이었다. 옷이나 신발도 평범한 차림새이며 음식도 콜라와 햄버거를 좋아한다. 엄청난 자금을 부동산에 투자하지만, 수십 년 전에 산 집에서 아직도 살고 있다. 새 차를 타지 않으며, 명품 브랜드를 선호하지 않았다.

워런 버핏은 우리와 함께 식사하는 자리에서 "집을 5채 가지고 있는 것은 골칫덩어리"라고 이야기해주었다. 집 하나에 목숨 걸고 사는 일반인들이 상상하기 어려운 배포를 지녔다.

많은 사람의 존경을 받는 사람이며 엄청난 금액을 투자하는 세계적 투자자인 워런 버핏은 겸손의 미덕을 지녔으며

**소탈한 시골 할아버지 워런 버핏에게는 '철학'이 있었다.**

검약의 삶을 살고 있었다. 불필요한 지출을 피하고 저축하고 남은 것을 쓰는 방식으로 생활하고 있었다.

워런 버핏은 개인이 소유한 부와 소비가 비례할 것이라는 나의 고정관념을 거침없이 깨주었다. 누구의 눈치도 보지 않고 누구의 기준으로도 살지 않는 당당한 자유인 워런 버핏을 만난 것은 큰 행운이었다. 그렇게 많은 돈을 벌면서도 돈에 얽매이지 않고 돈 자체에 우선순위를 부여하지 않는 삶은 큰 깨우침을 주었다.

오마하의 현인 워런 버핏은 매사를 수학적으로 생각해서 부자가 되지는 않았다. 명확한 것은 그가 돈과 인생에 대한 철학이 있었다는 점이다. 그는 남들의 눈치를 보지 않고, 자신이 돈을 어떻게 벌 것이며 어떻게 쓸 것이고, 자신의 삶을 어떻게 살 것인지에 대한 휘둘리지 않는 명확한 철학과 자세가 있었다. 그렇기에 워런 버핏과 함께 식사하며 대화한 사람들은 삶의 자세를 바꾸기도 한다. 나도 그랬다. 돈을 좇기에도 바쁜 사업의 현장에서 돈이 아닌 '가치'를 추구하는 것이 무엇인지, 그런 삶이 어떤 영향을 주는지 깨닫게 해주었기 때문이다.

그에게 나의 포트폴리오를 설명할 기회를 얻었는데, 굉장히 가슴 떨리던 순간이었다. 그 대화는 신선한 충격이었으며 그 어떤 책에서도 얻을 수 없는 통찰을 얻었다. 워런 버핏과의 대화를 통해 투자 기술을 배우지 않았다. 그는 내게 어떻게 투자하면 더 많은 돈을 벌 수 있는지 말해주지 않았다. 오로지 삶을 어떻게 살 것인지, 어떤 가치로 매 순간 무엇을 추구하며 살아야 하는지 직접 보여준 것 외에는 별다른 이야기를 하지 않았다. 워런 버핏은 말을 앞세우는 사람이 아니라 행동으로 보여주는 사람이었다. 돈에 얽매여 돈만 아는 구두쇠가 아닌, 자유인에 가까웠다.

# 쉽다, 어렵다는
# 애초부터 정해져 있지 않았다

**어려운 일은 없다. 다만 시간이 오래 걸릴 뿐이다**

나를 처음 만난 사람들이 자주 던지는 질문이 여럿 있다.

> "인도공과대학교 입학 경쟁률이 1,300 대 1이라는데, 어렵지 않았
>
> 나요?"
>
> "한국에서 삼성전자 근무했는데 어렵지 않았나요?"
>
> "인도 사람인데 한국어를 잘하네요, 한국어 어렵지 않으세요?"
>
> "인도 사람으로 한국에서 사업하는 게 어렵지 않으세요?"
>
> "외국인 CEO로 한국 문화 속에서 조직 운영하는 게 어렵지 않으
>
> 세요?"

결론부터 말하자면 이런 질문을 받을 때마다 "어렵지

않(았)다"라고 말하는 편이다. 사실 '쉽다, 어렵다'는 내가 판단하는 것이 아니다. 한국어를 배울 때도, 삼성전자에서 근무할 때도 쉽다, 어렵다로 판단하지 않았다.

물론 모든 게 쉽기만 했다고 말하기는 어렵다. 오죽했으면 한국에 온 지 6개월 만에 인도로 돌아갈 생각을 했겠는가? 인도인인 내가 한국 생활을 하는 것은 어려운 일이었다.

시간이 지나면 해결된다거나, 시간이 저절로 자신을 성장시켜줄 것이라는 믿음으로 버틴다고 하지만, 사실 그것도 아니었다. 시간이 지나면 늙을 뿐이다. 노화와 성장은 별개이다. 중요했던 것은 마인드 셋Mind Set이었다. 그 핵심은 '어렵다'와 '쉽다'의 두 가지 유형으로 도전과 기회를 분류하지 않았다는 것이다.

그 대신 '쉬운 일'과 '조금 덜 쉬운 일'로 나눴다. '조금 덜 쉬운 일'은 '쉬운 일'보다 시간이 오래 걸릴 뿐이다. 고생이 조금 더 있을 뿐이다. 그렇지만 돌이켜보면 다 똑같이 쉬운 일이다. 세상에 어려운 일은 없다. 쉽다, 어렵다는 내가 정하는 것이 아니다. 마음에서 결정하는 일이다.

그래서 쉬운 일, 조금 덜 쉬운 일로 나뉠 뿐이다. '어렵다'는 눈으로 보면 아무리 쉬운 일도 어려울 뿐이다.

일제 강점과 6·25 전쟁을 겪은 직후 한국은 세계에서 가장 가난한 나라 중 하나였다. 그 당시 문맹률이 78퍼센트에 육박했다고 배웠다. 현재 인도의 문맹률은 약 35퍼센트이다. 인도 남성의 약 24퍼센트, 여성의 약 46퍼센트가 문맹이다. 한국은 과거 지금의 인도보다 높은 문맹률을 가진 나라였다. 10명 중 2명만이 간신히 글을 읽는 수준인 나라였지만, 지금 한국의 문맹률은 1퍼센트이다. 그리고 세계 10위권 경제 대국으로 발전했다. 인도인인 내가 볼 때 이것은 엄청나게 놀라운 일이다.

한국에는 현대그룹의 정주영 회장님, 삼성그룹의 이병철 회장님 같은 분들이 계셨다. 나라가 가난하고 환경이 피폐해서 경제 성장이 불가능하다고 생각했다면 현대그룹이나 삼성그룹 같은 회사가 나왔겠는가? 그리고 이건희 회장님이 "야, 이거 회사 혁신 어렵네" 하고 피하다가 신경영 혁신을 하지 않았으면 오늘날 내가 삼성에서 경험한 초일류는 없었을 것이다.

어려움 속에서도 기회를 발견하고 성장시킨 결과가 오늘날 한국이다. '어렵다, 쉽다'를 가려서 쉬운 일만 할 수는 없다. 어려운 일에는 더 기회가 많다. 그리고 쉬운 일은 경쟁이 높다.

한국어를 공부하는 것은 어렵지 않았다. 다만 시간이 오래 걸렸을 뿐이다. 삼성에서 일하는 것은 어렵지 않았다. 다만 시간이 더 걸렸을 뿐이다. 다른 일에 비해서 덜 쉬웠을 뿐이고 더 많은 시간을 업무와 일에 쏟아부었을 뿐이다.

어린 시절부터 쉽게 공부할 생각은 하지 않았다. '열심히

한다'는 것이 기본적인 마음가짐이었기에 어려운 일에 부닥
쳐도 '덜 쉽다'라고 생각하며 접근했다. 시간이 많이 들어가
고 고생스러운 것은 어려운 일이 아니다. 진짜 어려운 일은
전쟁 같은 것이다. 내 의지와 노력으로 어떻게 할 수 없기
때문이다. 지금 우크라이나-러시아 전쟁 같은 것이 진짜 어
려운 일이라고 생각한다. 전쟁터 한가운데서 자신의 노력으
로 할 수 있는 일이란 거의 없다. 그런데 적어도 우리는 전쟁
은 하고 있지 않다.

어렵다고 생각하고 접근하면 한없이 어렵기만 하다. 세
상 모든 것이 다 어려워 보인다. 반면 어려운 일을 '조금 덜
쉬운 일이다'라고 생각하고 접근하면 길이 보인다.

어려운 일은 없다. 다만 시간이 오래 걸릴 뿐이다. 시간
이 오래 걸리는 일은 어려운 일이 아니다. 조금 더 많은 시
간을 쏟으면 해결되기 때문이다. 그 시간을 고생이라 생각
하지 않는다. 어렵다, 쉽다는 마인드의 문제일 뿐이다.

## 쉬운 일과 조금 덜 쉬운 일

어려운 일이란 애초부터 존재하지 않는다. 그저 내 생각에
어려울 뿐이다. 스스로 한계를 정해놓고 그 선을 넘지 않으
려고 발버둥 칠 필요가 없다. 그 노력과 에너지를 조금 덜
쉬운 일에 쓰면 조금 덜 쉬운 일은 쉬운 일로 변한다. 이것은

정말 중요한 깨달음이다.

첫째가 지금 고등학생인데, 몇 년 뒤면 대학에 진학하게 될 것이다. 그런데 대학 진학은 '쉽다, 어렵다'로 나뉠 수 없다. 쉬운 학과, 쉬운 인생 그런 것은 없다. 아이에게도 그렇게 가르친다. 인생은 한 번뿐인데 쉽게 생각하는 자세, 어렵게 생각하는 자세만 존재할 뿐이다. 세상일을 '어렵다'고만 생각하면 정주영 회장님, 이병철 회장님, 이건희 회장님 같은 창업가와 혁신가는 이 세상에 존재하지 않았을 것이다. 심지어 한국이라는 나라조차 존재하지 않았을 것이다.

항구에 정박한 배는 안전하다. 하지만 안전하게 정박하는 것이 배의 목적은 아니다. 파도를 뚫고, 항해하는 것이 배의 진짜 목적이다. 내 앞에 닥친 난관을 어려운 일이라 지레짐작하여 피하려 하지 말자. 나중에 후회하게 된다. 깨지

욜로의 의미를 다시 정의해보자.

더라도 부닥쳐서 도전해보는 것이 진짜 가치 있는 일이다.

인생은 한 번뿐이다. 인생은 한 번뿐이기에 현재를 즐기자며 놀고먹자고 이야기할 수 없다. 한 번뿐인 인생인데 벤치에서 쉬지만 말고 레이스에 참여해야 한다. 이것이 전정한 욜로YOLO 아닌가?

1. 쉽다, 어렵다는 애초부터 정해져 있지 않았다. 모든 일은 쉬운 일과 덜 쉬운 일만 있을 뿐이다. 벤치에서 쉬지 말고 레이스에 참여하라. You Only Live Once!

2. '100−99=0'이 될 수 있다. 이것이 현실이다. 아무리 잘해도 하나로 망할 수 있다. 반대도 가능하다. 100+1=101이 아니다. 이것은 수학책에나 존재하는 계산이다. 100+1=200이 될 수도 있음을 기억하자.

3. 세상 사람들의 본질은 다 똑같다. 칭찬받으면 기뻐하고 성실하면 사랑받는다. 미국에서도, 스위스에서도, 독일에서도, 인도에서도, 한국에서도 똑같다. 월급 이상으로 일하라는 것은 절대로 꼰대의 지적질이 아니다. 나는 외국인이고 다양한 국가에서 일하며 공통된 핵심을 찾았을 뿐이다. 외국인 근로자이자 직장인인 나에게 월급 이상으로 일해서 회사에 10배로 갚으라는 아버지의 가르침은 어느 나라에서나 통하던 '불변의 성공 법칙'이었다.

4. 9회 말, 투 아웃, 투 스트라이크 상황 같은 위기에서 나를 구해 준 것은 긍정의 힘, 감사의 힘이었다. 여러분이 가지고 있는 것은 인도에서는 엄청난 부자들만 누리는 것들이다. 마음대로 쓸 수 있는 전기, 깨끗한 수돗물, 빠른 인터넷, 개인용 컴퓨터와 노트북, 깨끗한 화장실, 안전한 주택, 매우 안정된 치안, 저렴한 요금의 쾌적한 지하철과 버스…. 셀 수 없는 것들을 누리고 있음을 잊지 마라. 긍정과 감사의 능력은 삶의 목표를 마음껏 달성하게 해준다. 따라서 모든 일을 쉽다, 어렵다로 나눠서 한계를 정할 필요가 없다.

# Chapter 4

## 오너십

**MAXIMIZE
Your
Life**

## 초일류에는
## '차별화'가 따라다닌다

초일류에는 가치 창출을 위한 '차별화'가 늘 따라다닌다. 누군가 나에게 '판카즈'의 차별화는 무엇이냐고 물어본다면, 나는 망설임 없이 '긍정적인 마음가짐'이라고 대답할 것이다. 인도공과대학교, 서울대학교 대학원, 하버드 MBA를 나온 것은 표면적인 차별화일 뿐이다. 나만의 가장 큰 차별화는 긍정적인 태도를 늘 유지해왔다는 점이다.

이러한 내 긍정성의 밑바탕에는 2년 전 돌아가신 어머니의 영향이 있다. 나는 어머니의 성격을 물려받았다. 인도 시골에서 아버지와 함께 가족들을 부양한 어머니는 늘 자신감이 충만했고 웃음을 잃지 않았다. 자녀를 교육하기 충분치 않은 형편에도 어머니는 미래를 긍정적으로 보았다. 그래서 교육을 위해 어린 나를 멀리 떠나보내는 결단을 했다. 여섯 살짜리 아이를 230킬로미터나 떨어진 곳에 보내고 네

달에 한 번 정도 만난다고 생각하면 부모님의 가슴은 찢어졌을 것이다.

사실, 나를 멀리 보내서라도 교육시켜야 한다고 처음 결심한 사람은 할아버지였다. 아버지와 어머니는 처음에는 반대했다. 교육 자체를 반대한 것이 아니라 여섯 살의 어린아이를 집에서 멀리 떠나보내는 것을 반대한 것이다. 그러나 곧 받아들였다. 교육을 통해 만들어질 미래를 긍정적으로 받아들였다.

내가 기숙사 생활을 하며 교육을 받는 데는 적지 않은 비용이 들었다. 그리 넉넉하지 않은 우리 집 형편에서는 부담이 컸을 것이다. 그러나 어머니는 한 번도 힘든 내색을 하지 않았다. 밝고 긍정적으로 나를 대했다.

세월이 흘러 나의 첫째 아이가 대학 입학을 준비하는 나이가 되었다. 그런데 내가 과연 내 아이를 집으로부터 멀리 떨어진 곳으로 보내야 한다면 나는 그럴 수 있을지를 가끔 생각해본다. 내가 부모가 되어보니 어머니처럼, 아버지처럼 과감한 결단을 하기 어려워진다. 물가에 내놓은 아이가 늘 걱정되기 때문이다. 그런데도 어머니는 어린 나를 교육하는 데 주저하지 않았다. 그리고 가장 소중한 유산인 '긍정성'을 물려주셨다. 이것이 내가 가진 최고의 차별화된 능력이다.

사업을 하노라면, 예측 불가의 상황에 굉장히 많이 부닥친다. 안갯속처럼 불확실한 미래 전망, 한 치도 예상 못 할

대외 경제 상황, 수시로 바뀌는 법률 등. 모든 것을 다 수학적으로 계산해서 답을 낼 수 없을 뿐 아니라, 세상이 수학 공식처럼 딱딱 맞춰 돌아가는 것도 아니다. 분석하고 예측하여 충분한 계획을 세워두지만, 문제와 걱정에 빠져들어 자기 연민에 둘러싸이지 않도록 스스로 경계한다.

인도 속담에 "걱정해서 될 일이면 걱정할 필요 없고, 걱정해도 되지 않을 일이면 걱정해도 소용없다"라는 말이 있다. 모든 것을 운명에 맡기고 자포자기하겠다는 뜻이 아니다. 적절한 계획을 치밀하게 세워두되, 걱정이 지나쳐 자신을 의기소침하게 만들지는 않겠다는 것이다.

이러한 내 성격이 회사에도 반영된 듯싶다. 태그하이브의 차별화된 점은 첨단 기술을 교육에 접목할 수 있는 강력한 팀이 있다는 것이다. 그리고 우리의 제품은 전기와 인터넷이 없는 환경에서도 간단하게 구동되기에 교육 불균형에 내던져져 있는 학생들의 참여와 몰입을 유도한다.

교육은 전 세계 모든 국가의 보편적 가치와 지향이다. 우리는 이런 보편적 가치를 실현하고 있다. 교실이라는 공간 안에서 민주적이고 수평적인 교육 기회를 균등하게 제공한다. 인공지능 같은 첨단 기술을 통해서 말이다.

더불어 한국과 인도라는 두 시장을 동시에 점유하고 있다. 두 시장 모두 계층 이동을 목표로 한 뜨거운 교육열을 가졌다. 사회적으로나 개인적으로 교육에는 투자를 아끼지 않는다. 교육열이 높은 국가인 한국과 인도의 공립학교를 중심으로 클래스 사티가 실용적으로 쓰이고 있다는 점, 이로써 교실 내에서부터 교육 격차를 획기적으로 줄일 수 있다는 점이 강력한 차별화 포인트이다. 그리고 누적 데이터가 쌓일수록 기술적으로 인공지능과 빅데이터를 활용한 맞춤형 솔루션들이 계속 개발될 것이다. 따라서 차별화는 점점 더 가속화될 수 있다.

나는 인도인 CEO로, 인도 시장을 누구보다 잘 알고 있다. 한국에서 공부하고 한국에서 사업했으며 아이들도 한국에서 교육해왔기 때문에 한국 시장에 대해서도 어느 정도 이해한다. 적어도 한국어만큼은 알고 있다.

"한국에서 통하면 세계에서 통한다." 이 말은 비즈니스의 정설定說로 받아들여진다. 태그하이브의 기술은 이미 한국에서 통했다. 그리고 14억 인도의 70퍼센트 이상을 차지하는 공립학교 시장에 뿌리내리고 있다. 교육이라는 분야에서 기술로 글로벌 전쟁에서 이기고 있고, 로컬에서 전술적으로 통하고 있다는 점은 태그하이브의 숨길 수 없는 차별성이다.

인도에서 뻗어나가기 시작하고 인정받았다면, 동남아시아, 아프리카 등 제3세계 교실뿐 아니라, 선진국의 공립학교 현장에서도 통할 것이 분명하다. 세계의 절반은 아직도 교육을 제대로 받지 못하는 현실에 직면해 있다. 교실이라는 아주 기본적인 학습 공간에서 몰입과 참여를 통한 플랫폼이 세밀하게 학생들의 교육 격차를 해소해나갈 것은 확실해 보인다.

나의 목표와 꿈은 이런 태그하이브에 초일류를 심는 것이다. 한국에서 시작했지만 인도에서부터 동남아, 유럽, 아프리카, 미국까지 통하는, 사회계층을 관통하는 초일류 교육 플랫폼으로 만드는 것이다.

# 생각은 글로벌하게,
# 행동은 로컬하게

## 글로벌한 생각과 로컬한 행동의 기본은 존중

경영학에서 글로벌 마케팅은 전 세계적으로 동일한 마케팅 전략을 사용하는 것이고 로컬 마케팅은 지역적인 문화와 상황에 맞게 마케팅 전략을 구성하는 것으로 설명한다. 이렇듯 글로벌과 로컬의 마케팅 행동 전략은 다르지만, 글로벌 마케팅과 로컬 마케팅을 융합한 '글로컬Glocal' 마케팅이라는 개념도 있다. 이는 글로벌 시장에서 경쟁력을 갖추면서도 지역적인 문화와 상황에 맞게 제품과 서비스를 제공하는 것이다.

　나의 삶의 궁극적인 지향은 세계시민으로서 유산을 남기는 것이다I am a citizen of the world, and wish to leave a legacy. 이 삶의 방향성은 결코 변함이 없다.

나는 인도에서 태어났고 힌디어와 영어, 한국어에 능통하다. 독일, 스위스, 미국 매사추세츠주 케임브리지에서 경력을 쌓았다. 인도공과대학교와 서울대학교 대학원, 하버드 MBA에서 공부했다. 그리고 삼성전자에서 일해왔다. 한국에서 스타트업 창업 후 한국 기업의 CEO로 모국인 인도로 진출한 독특한 이력을 가지고 있다. 한국에서 익힌 기술과 초일류 감각으로 인도를 교두보 삼아 세계 시장을 공략하는 것이 나의 글로벌 전략이다.

생각은 늘 글로벌하게 가지고 있지만, 행동만큼은 로컬하게 수행하는 것이 나의 특기이기도 하다. 한국에 와서는 철저히 한국인처럼 살아왔다. 비빔밥도 좋아하고, 한국어도 능숙해졌다. 그런데 인도에 가면 철저히 인도 문화와 관습을 따른다. 그 나라에 가면 그 나라 행동과 사고방식, 언어와 문화를 철저히 따라간다. 철저히 현지화하지 않으면 아무리 생각이 글로벌하다 하더라도, 행동에서 실패하기 마련이다.

태그하이브에서는 한국과 인도 국적의 팀원들이 공존하며 일하고 있다. 마치 비빔밥처럼 섞이고 행동과 말과 생각의 차이를 받아들인다. 이것이 곧 일상에서 오는 생각의 차별화로 만들면서 시너지를 내는 중이다. 팀원들이 서로를 존중하고 신뢰하기 때문에 분란이 없다. 한국 직원들은 국적이 다른 CEO인 나를 존중하고 나 역시 직원들을 존중한다.

## 군림하지 않는 CEO

내가 대표라 할지라도 회사의 기물이나 비용을 함부로 쓰지 않는다. 우리 회사는 저녁 회식을 하지 않는다. 그 대신 모두 함께 모여 근사한 점심을 하고 커피를 마신다.

나는 매일 아침 6시면 업무를 시작한다. 나는 높은 자리에 올라와 있다고 생각하지 않는다. 회사 직원들의 평가를 받는 자리에 있다는 긴장감을 느낀다. 그리고 나의 '책임'과 '희생' 없이는 성장도 없다고 받아들이며 기꺼이 그리고 즐겁게 희생을 받아들인다. 인도에 출장 중일 때도 오전 6시면 움직여 일을 시작한다. 보는 사람이 없다고 늘어지거나 딴짓하지 않는다.

언젠가 4주 정도 인도 출장을 다녀온 적이 있다. 긴 출장을 마치고 집에 돌아오니 아이가 나를 맞으며 인사했는데, 그때 한 말이 충격적으로 다가왔다.

"아버지 다녀오셨어요?"라는 말 대신 "아이고, 우리 집 손님 왔네!"라고 하는 게 아닌가!

출장 때문에 한 달 만에 들어온 집. 아이들은 나를 지나가는 손님으로 바라보고 있었던 것이다.

그때는 웃어넘겼지만, 균형에 대해 깊이 생각하는 계

기로 삼았다. 우선순위에 따라 가족과 일, 건강의 시간 배분을 잘하려고 무척 노력하고 있다. 적어도 아버지가 일만 하는 아버지로 기억되어서는 안 된다고 생각했다. 더욱이 〈Maximize Your Life〉를 주창한 사람으로 건강, 가정, 일에 대한 균형을 맞추지 못한다면 스스로 떳떳할 수 없다. 그래서 반성을 많이 했다.

나는 완전한 사람은 아니기에 실수도 많지만, 아직도 생각은 글로벌하게, 행동은 로컬하게 움직이되 건강, 가족, 일이라는 우선순위의 세밀한 조율을 해나가기 위해 노력하고 있다.

# 'Why?'라는 질문에서
# 오너십이 출발한다


**주어진 문제를 풀기보다 질문을 던져 해답을 찾을 때**

---

인공지능 언어 모델 'Chat GPT'가 엄청난 화제다. 서점에 가면 Chat GPT 관련 책이 즐비하다. 그런데 Chat GPT를 잘 활용하는 방법은 '질문'에 있다. 좋은 프롬프트, 즉 좋은 질문을 던질수록 상세하고 적합한 답변이 나온다. 이것은 Chat GPT를 사용해본 사람은 누구나 알고 있다.

세상을 사는 지혜도 이와 다르지 않다. 해답을 찾는 노력, 정답을 맞히려는 노력보다, 좋은 질문을 던지고 그 질문에 나만의 답을 내는 것이 더 강력한 무기가 된다.

태그하이브의 클래스 사티도 이러한 질문에서 나왔다고 해도 과언이 아니다.

"콩나물시루 같은 교실에서 어떻게 선생님이 아이들 한

명 한 명의 수준을 파악할 수 있을까?"

"같은 교실에서 공부하는 학생 사이에 교육 격차는 왜 일어나는가?"

"스마트 교실은 왜 엄청난 비용을 필요로 할까, 저비용으로 스마트 교실을 만들 수 없을까?"

"모든 나라 교실에서 교육 격차를 해결할 방법은 없을까?"

"지구의 절반은 아직도 가난하기에 교실에 전기와 인터넷이 들어오지 않고 수업 참여도 저조하여 아이들이 쉽게 학업을 포기하는데 이런 문제를 해결해줄 수 없을까?"

이러한 질문들의 답으로 나온 것이 클래스 사티이다.

삼성전자에 근무할 때다. 퇴근하여 집에서 아이들이 장난감을 가지고 노는 것을 지켜보았다. 그런데 레고같이 비싼 장난감도 몇 번 가지고 놀다 마는 경우가 많았다. 그러다 문득 한 생각이 뇌리를 스쳤다.

'아이들이 장난감을 가지고 노는 것은 본능적인데, 이런 장난감에 IT를 결합해 교육적 활용도를 높이면 어떨까?'

이렇게 질문을 던진 것이 개발의 시작이었다. 레고같이 비싼 장난감이 아니라, 다섯 살 어린이도 쉽게 조작할 수 있는 리모컨 형태의 클리커로 발전시켜나갔다. 아이들이 수업 시간에 선생님이 내준 퀴즈나 문제를 리모컨처럼 생긴 클리커를 누르면서 풀어나가며 쌍방향으로 소통할 수 있게 한 것이 클래스 사티이다.

교실 내 학생들이 간단하게 클리커를 누르며 선생님의 퀴즈에 답하면 누구도 수업에서 소외되지 않는다. 이 과정에서 학생들의 집중력이 높아지고, 선생님은 학생들의 수업 이해도와 지식 형성도를 측정할 수 있게 된다. 심지어 100명 이상이 모여서 골든벨 퀴즈 게임도 할 수 있다.

인터넷이 없어도 된다. 선생님은 구형 스마트폰 하나만으로도 학생들의 응답을 실시간으로 확인할 수 있다는 점이 핵심이다.

솔직히 말해 처음에는 클래스 사티를 통해 엄청난 교육적 개선 효과가 나올 것이라 확신하지 못했다. 그렇게 하겠다는 목표와 의도는 분명했지만, 결과를 100퍼센트 장담했다고 말하기는 어렵다. 하지만 열악하기로 소문난 인도 공립학교 교실 수업 현장에서 직접 활용해보면서 확신을 얻었다. 아이들은 단순한 클리커를 이용하는 것만으로 수업에 집중하는 모습을 보여주었다. 사용 30일 만에 학습 참여율 10퍼센트 상승, 수학과 과학 분야 학업 성취도 8퍼센트 이상 상승 효과를 기록했다. 6개월간 학습에 적용하자 학업 성취도는 3배 증가했고 출석률은 25퍼센트 향상되었다. 또한, 학습 참여율이 기존 50퍼센트에서 100퍼센트로 늘어나는 고무적 향상 효과를 가져왔다.

이것은 한국에서도 마찬가지였다. 그리고 인도 공립학

교 교육부의 주목을 받아 한국 스타트업 최초로 인도 전국 100만여 개의 공립학교(한국 학교 수 대비 약 140배 규모)를 대상으로 한 교실 혁신 플랫폼으로 확산할 계획을 갖게 되었다. 우선 2023년 말까지 10만여 학교에 보급한다는 목표이다.

## 내가 하는 일에 '왜?'라는 질문을 던져야 한다

지금 내가 하는 일은 누군가 시켜서 하는 일일 수도 있다. "사장님이 시켰으니까", "월급 받아야 하니까", "먹고살아야 하니까"라고 말하는 것도 일하는 이유에 대한 답이 될 수 있다. 그러나 "왜 일하는가?"라는 질문을 스스로 던져서 해법을 찾는 연습이 반드시 필요하다.

한국에서는 질문을 많이 하면 안 된다고 한다. 수업 시간에도 질문하지 않고 정해진 답을 외우는 데 골몰하는 경향이 있다. 하지만 여러분의 목표가 평범하지 않은 삶이라면, 스스로 질문을 던지고 그 답을 스스로 찾아야 한다.

비즈니스 세계에서 '왜?'라고 질문하는 것은 성장과 성공을 이끌어준다. 매출 감소를 겪고 있는 기업이라면 '왜?'를 묻는 것이 소비자 선호도 변화나 경쟁 심화 등 문제의 근본 원인을 파악하는 데 도움이 될 수 있다. 이러한 이해는 마케팅 노력을 바꾸거나 신제품을 개발하는 행동으로 이어진다.

마이크로소프트사는 창의적인 질문을 자주 던진다고 한다. "맨홀 뚜껑은 왜 둥근가?" 채용 면접 때 나왔다는 유명한 질문이다. 사실 정답은 없다. 설사 상식적인 수준의 정답이 존재한다 해도, 이 질문은 정답을 듣기 위한 것이 아니다. 그 사람 나름의 솔루션을 듣기 위한 것이다. 애초부터 정답이 존재하지 않는 질문을 던짐으로써 상대방이 어떤 발상과 논리로 자기만의 솔루션을 펼치는지 관찰하는 것이다.

마이크로소프트사는 이렇게 던진 질문에 대해 스스로 답을 만들어나가는 문화를 장려한다. 물론 실패가 더 많을 것이다. 하지만 실패를 장려하고 실패의 이력을 중시하는 데 초점을 맞춘다. 실패를 경험해보지 못하면 성공도 경험할 수 없기 때문인데, 실패하지 않으면 아무것도 하지 않은 것이다.

우리 같은 스타트업들에게는 숱한 실패가 필요하다. 실패가 있었다는 점은 도전했다는 반증이기도 하다. 우리는 너무 강박적으로 '정답'에 골몰하지만, 세상에는 정답 없는 문제들이 너무나 많다. 우리가 겪는 대부분의 난관은 사실 정답이 없이 주어진 질문일 뿐이다.

삼성전자에는 'C-Lab Inside'라는 프로그램이 있다. 삼성전자가 임직원들의 창의 아이디어 구현을 지원하기 위해 2012년에 도입한 사내 벤처 프로그램이다. 수많은 아이디어가 여기에 제출된다. 그런데 이 아이디어들이 모두 성공한 것이 아니다. 그래도 끝없이 실패를 장려하며 창의적인 아이디어를 지원해준다. 나 역시 이런 지원 정책을 통해서 태그하이브를 창업할 수 있었다. 지나고 보니 정말 훌륭한 제도였다.

태그하이브가 어느 정도 성장한다면 C-Lab 같은 제도를 만들어 직원들의 창업을 유도하고 창의적인 아이디어가 세상에 나올 수 있도록 적극 장려할 꿈을 가지고 있다. 태그하이브를 뿌리로 삼아 세상을 이롭게 하는 더 많은 기업이 세상에 나올 수 있다면 나로서는 큰 영광일 것이다.

개인의 성장 없이 조직의 미래는 열리지 않는다. 개인이 가진 잠재력과 성장 가능성, 그리고 좋은 아이디어는 언제든지 지원할 준비가 되어 있다. 개인의 성장을 지원해줄 힘을 갖춘 회사가 되기 위해 지금 태그하이브에 영혼을 불어넣고, 글로벌 경영과 로컬 마케팅에 집중하여 더 성장하고자 한다.

## 한 번뿐인 삶인데 왜 우리는 회사에서 일하는가?

사장이라면 지금 이 일을 왜 해야 하는지 스스로 답을 찾아야 한다. 직원이라면 지금 하는 일을 왜 해야 하는지 스스로 답을 찾아야 한다. 나는 회사 대표로서 아침 6시에 그날의 일을 시작한다. 출장이 있는 날이면 인도와 영국 등 다양한 지역에 간다. 그러면서 지금 하는 일을 왜 해야 하는지 명확하게 알고 있다. 회사 대표로 영업과 세일즈, 마케팅의 최전선에 있다고 생각하고 있고, 궁극적으로 우리의 미션과 비전과 사명을 명확히 알고 있기 때문이다.

우리가 스스로 던져야 할 질문은 세 가지다.


첫째, 나는 왜 일하는가?

둘째, 나는 왜 이곳에서 일하는가?

셋째, 나는 이 일로 무엇에 기여할 수 있는가?


취업을 원한다면, 아니면 이미 취업해서 현장에서 일하고 있다면, 혹은 회사를 경영하고 있다면 위 질문에 대답할수 있어야 한다. "돈을 많이 벌기 위해서", "경력을 쌓기 위해서", "결혼하기 위해서", 모두 훌륭한 답이 될 수 있다. 중요한 것은 저마다의 이유를 찾아야 한다는 점이다. 빠르고 즐겁고 오래갈 수 있는 유니크한 답변일수록 좋다.

2020년 고용노동부가 발표한 내용을 찾아보니 한국에는 1만 6,891개의 직업이 있다고 한다. 이 많은 직업 중에서 나는 왜 하필 이곳에서 일하고 있는지 스스로 되새겨봐야 한다. "어쩌다 보니 이 일을 하고 있다"라는 불행한 답변을 던지는 대신, 왜 이곳에서 일하고 있는지 진정한 이유를 생각해보자. 처음은 "어쩌다 보니 이곳에서 일하고 있다"라고 말할지 모르지만, 이곳에서 비전을 발견한다면 비범하고 훌륭한 답을 내놓게 될 것이다.

마지막으로 회사에 무엇을 기여할 수 있는지는 자신만이 답변할 수 있다. 스스로 제공할 수 있는 부가가치는 무엇이며, 차별화는 무엇인지 알아야 하고 찾아야 한다. 빠르게, 즐겁게, 오래가는 자신만의 유니크한 능력은 무엇일까?

질문을 던져야 한다.

인생은 진짜 한 번뿐이다. 앞에서 말했듯 욜로YOLO는 지금 당장 만족을 위해 명품을 사고 고급 음식을 먹고, 고가의 차량을 사고, 여행을 떠나고, 인스타그램에 사진을 올리는 것을 뜻하지 않는다. 한 번만 주어지는 자기 인생에 대해 근본적이고 진지한 질문을 던지고 이에 대한 답을 찾아가는 것이 진정한 욜로가 아니겠는가?

노파심에 사족을 붙이겠다. 일하는 이유를 찾으라는 말과 일 중독이 되라는 말은 완전히 다르다. 나도 일에 미친 사람은 아니다. 나는 달리기와 그림 그리기, 마술, 탁구와 요가를 좋아하며 가족들과 함께 여행과 게임하는 것을 즐긴다.

# 좋은 멘토와
# 멘티가 되라

## 혼자 성장하는 어린아이는 없다

혼자 성장하는 사람은 없다. "한 아이를 키우는 데 온 마을이 필요하다"라는 아프리카 속담은 전 세계에서 설득력을 얻고 있다. 나도 성장하면서 많은 도움을 받았다. 특별한 기억도 있다. 내게는 고등학생 시절인 1998년부터 나의 삶에 멘토Mentor가 되어주신 분이 있다. 인도에 거주하고 계신 나의 멘토는 입시를 앞두었을 때, 삼성 면접과 입사 과정, 하버드 MBA 진학할 때 등 중요한 고비마다 이메일 등을 통해 계속 지지와 격려를 해주셨다. 나의 고민과 생각을 나누는 멘토를 통해서 삶의 중요한 결정과 고비의 순간마다 배움과 성장의 기회를 얻을 수 있었다.

나 역시 한국에서 수년간 교류하는 멘티Mentee들이 있다. 한국인인 학생들은 나를 멘토라 부른다. 나는 이 친구들의 성장을 위해 기꺼이 시간을 할애할 준비가 되어 있다. 시간을 쪼개어 만나고 상담하려고 애쓴다. 흥미로운 것은 멘토가 멘티를 성장시켜주기도 하지만, 멘티를 통해서 멘토가 성장하는 경험도 하게 된다는 점이다.

혹시 이 책을 읽으며 나를 멘토로 삼았으면 좋겠다고 생각하는 분이 있을지 모르겠다. 그렇다면 대환영이다. 시간이 되는 한 이메일이나 미팅, 강연 등을 통해서 멘티의 성장을 돕는 멘토의 역할을 맡고 싶다. 멘토가 된다는 것, 멘티의 성장을 옆에서 격려해줄 수 있다는 것은 내게 큰 기쁨이다. 내가 멘토로부터 조언을 들으며 지혜를 얻었던 것만큼 멘티의 성장을 도울 수 있다면 이것은 행복한 일이 아닐 수 없다.

혼자 성장하는 어린아이는 없다. 부모로부터 따뜻한 사랑과 격려를 받고 지혜를 얻으며 성인으로 성장하는 것처럼, 멘티 역시 멘토의 조언을 적극적으로 경청하고 그의 지혜를 빌려서 성장해나가야 한다.

## 멘토를 얻는 노하우

학생이 배우기 위해서 선생님이 필요하듯이, 사람은 성장하기 위해서 이끌어줄 멘토가 필요하다. 목표와 열망을 달성하는 데 도움이 되는 지침과 영감을 멘토로부터 받는다. 좋은 멘토 혹은 롤모델은 사람을 성장시켜준다. 멘토를 얻어서 가장 좋은 점은 내가 틀렸다는 것을 멘토를 통해서 깨우칠 수 있다는 것이다. 인간은 자신이 틀렸다는 것을 알 때 진정으로 발전할 수 있다.

멘토는 특정 분야에 대한 경험과 전문성을 갖춘 사람이

다. 대체로 내가 멘토로 생각하는 사람들은 바쁘다. 그리고 나보다 훨씬 뛰어나신 분들이고 많은 일을 하신 분들이다. 그래서 나는 멘토를 알지만, 멘토는 나를 모를 경우가 정말 많다.

누구나 만나고 싶은 멘토, 멘토로 두고 싶은 사람이 있다. 그렇다면 어떻게 하면 좋은 분들을 나의 멘토로 만들 수 있을까? 내가 경험한 가장 확실하고 실용적인 노하우를 공개하겠다. 내 삶을 통틀어 입증된 것이므로 효과를 보증할 수 있다.

멘토를 만드는 가장 좋은 방법은 멘토를 먼저 도와주는 것이다. 인도에서 교수님들은 정말 바쁘셨다. 나는 좋은 교수님을 멘토로 얻기 위해 먼저 교수님께 연락을 드리고 찾아가 교수님이 필요로 하는 부분들을 도와드렸다. 연구하고 계신 부분에서 교수님의 필요한 부분을 자주 여쭤보고 연구의 보조가 필요한 부분에 참여하여 도와드렸다. 아무런 조건과 요구를 달지 않았다. 교수님을 돕기 위해 내가 할 수 있는 일을 해나갔다. 교수님은 나의 진심을 보고 내게 많은 가르침과 도움을 주셨다. 교수님과 함께 연구하기도 하고 성과를 내기도 했다. 교수님이 힘들어하는 부분은 내가 도맡아 해나갔다. 교수님은 내게 멘토가 되어주셨고, 여러모로 내가 성장할 기회와 길을 열어주셨다. 삼성전자의 취업 정보도, 진로에 대한 정보도 모두 멘토이신 교수님을 통해서 알게 되었다. 멘토의 도움으로 사회생활의 첫걸음을 걷게 된 것이다.

스위스나 미국, 독일에서도 내가 정말 닮고 싶은 사람, 내가 롤모델로 삼고 싶은 멘토가 있다면 그분을 찾아가 스스럼없이 먼저 도와드렸다. 아무리 작은 일이라도 먼저 도와드렸더니 이분들은 내게 멘토이자 네트워크가 되어주셨다.

이때 주의할 점이 있다. 내가 도와줬으니 나중에 뭐라도 받아야겠다는 계산을 깔지 않아야 한다. 기꺼이 대가 없이 도와드리는 진정성이 필요하다. 미국인, 인도인, 유럽인, 한국인 모두 똑같다. 사람의 본질이 국적에 따라 다르지 않다. 사람의 본성과 핵심은 다 똑같다. 칭찬받으면 기뻐하고, 도움받으면 돌려주고 싶어 하는 것이 인간의 본성이다. 하지만 뭔가 얻어내야겠다고 접근하는 것은 바람직하지 않다. 영업사원이 세일즈하는 것과 다른 바 없다. 그러면 사람들은 이내 멀어진다.

# 네트워크:
# 우연을 행운으로 만드는 마술

2004년 인도공과대학교 재학 중에 글로벌 장학생 프로그램 'GSP-SNU'를 통해 삼성을 만난 것은 내 인생의 획기적 전환점이 되었다. 한국어의 '안녕'조차 몰랐던 내가 삼성이라는 회사의 지원을 받아 글로벌 장학생으로 취업과 공부를 병행할 수 있었다. 친구들이 인도를 떠나 대부분 미국, 유럽에 취업하여 근무했기에 나 역시 한국이라는 곳을 선택하기 쉽지 않았다. 하지만 삼성은 물심양면 나를 지원해주었다. 한국어 수업료는 물론 생활비, 주거비, 학비, 심지어 고향을 방문하는 항공료까지 지원해주었다. 이것은 내게 매우 매력적이었다.

한국어는 어려웠지만, 나보다 더 빠르고 능숙하게 한국어를 습득한 아내의 도움과 격려, 그리고 인도에 있는 가족들, 특히 아버지와 어머니의 적극적인 지지와 격려는 내게 큰 도움이 되었다. 삼성에서 새로 만난 사람들도 큰 힘을 주었다. 2006년 가을부터 삼성전자 수원사업장 선행개발팀에서 일하기 시작했는데, 동료들은 낯선 한국에서 근무하는 나에게 친절하게 대하며 지원과 배려를 아끼지 않았다.

사실 한국에 오는 데도 네트워크의 힘이 컸다. 지도해주신 교수님을 통해서 삼성 글로벌 장학생 프로그램 정보를 얻었다. 그리고 교수님은 나를 적극적으로 밀어주셨다.

입사 후 일만 할 게 아니라 아이디어를 특허라는 자산으로 연결시키려고 노력할 때, 주변 동료들은 나를 지지하고 격려해주었으며 회사에서는 적극적으로 이끌어주었다. 처음으로 고민한 아이디어가 실제 특허로 연결되었을 때를 지금도 생생하게 기억한다. 흥분되고 기쁜 감정이 지금까지 느껴진다. 업무에 집중하고 몰입하면서 수많은 프로토타입을 제작하고 20건이 넘는 해외 특허를 출원할 수 있었다. 회사는 3D 글래스, 카본 나노 튜브, 무선 파워 영역에서 내가 우수 연구원으로 성장할 기회를 제공해주었다.

회사의 지원을 받아서 하버드 MBA 프로그램을 이수하게 된 것도 선배님들과 동료라는 네트워크의 힘이 만들어 준 기회였다. 외국인으로서 삼성의 지원을 받아 MBA 과정을 밟은 경우는 내가 최초라고 한다. 한국으로 돌아오지 않을 경우 지원금을 모두 회수한다는 서약서를 내고 MBA 과정에 진학하는 게 일반적인데, 나의 경우 별도의 서약서 없이 구두상으로만 설명을 듣고 MBA 과정에 진학할 수 있었다. 삼성이 내게 큰 혜택을 주었고 나는 수혜자가 되었다. 이렇게 나를 믿고 지원해준 삼성에 대해 나 역시 보답하여 확고한 의리를 지키고 싶었다. 또한, 내가 좋지 않은 선례를 남긴다면 나 이후 다른 외국인 사원들이 이러한 혜택을 받지 못할 수 있기에 꼭 신의를 지키고자 작심하였다.

내가 공부하며 일하는 가운데 만난 무수한 사람, 직장 상사, 선배, 후배, 학교 교수님 등은 모두 인적 네트워크가 되었다. 절대로 소홀히 할 수 없는 사람들이다. 아파트 경비 아저씨와도 늘 좋은 유대감을 가지고 대화를 한다. 그는 내게 매우 친절하고 한국에서 지금 일어나고 있는 일은 물론 여러 가지 상황들을 친절히 설명해준다. 한국 물정에 자칫 어두울 수 있는 내게는 유용한 정보를 많이 제공해주신다. 경비원 아저씨는 내게 일종의 롤모델이기도 하다. 매일같이 같은 직장에서 성실하게 자신의 역할을 밝고 열정적으로 해나가는 모습에서 에너지를 느낀다. 오가면서 함께 인사할 때 힘찬 인사 소리를 들으면 종일 기분이 좋다.

멘토를 얻기 위해서는 먼저 다가가 도와주면 된다고 앞에서 이야기했다. 진심으로 돕는다면 그는 저절로 나의 멘토가 되어준다. 네트워크도 마찬가지다. 좋은 인적 네트워크를 만들려면 현재 연결된 사람들을 우연히 만난 사람이 아니라고 생각해야 한다. 진솔하고 기분 좋은 만남으로 이어갈 수 있도록 진실하고 성실하며 인격적인 모습으로 대해야 한다.

가끔 지하철이나 회사 로비에서 서로 싸우는 사람들을 본다. 팽팽한 적대감이 느껴진다. 어떤 큰 속사정이 있길래 사람과 등지려고 하는지 의문이다. 지금 스쳐 지나가는 사람이라 할지라도 언제 어디서든 다시 만날 수 있다. 그때는 매우 중요한 사람일 수도 있다.

돌이켜보면 삼성 입사, 하버드 MBA 프로그램, 스타트업 창업 등에는 네트워크의 힘이 크게 작용했다. 우연을 행운으로 만들려면, 지금 내 옆에 있는 사람들과 좋은 관계를 유지해나가야 한다. 가족, 친구, 직장 동료, 선배, 후배, 사장님, 직원분들은 물론이고 아르바이트생이나 강의 수강생도 소중한 인연이다. 좋은 기회와 운을 불러오는 사람들이라고 생각한다. 적어도 나와 함께 있는 시간만큼은 절대로 소홀하게 대하지 않는다.

모든 운과 기회는 사람을 타고 온다. 저절로 우주에서 떨어지는 것이 아니다. 우리가 로빈슨 크루소처럼 혼자 무인도에 살고 있다면 모를까, 우리는 다 연결되어 있다. 이 세상의 모든 사람은 "6단계만 거치면 다 아는 사람들이다"라는 말도 있는 것처럼, 지금 내 옆에 있는 사람, 나와 함께 있는 사람에게 절대로 소홀하지 않는다면 우연을 행운으로 만드는 마법을 체험할 수 있다.

내게는 멘토가 많다. 아버지, 친척 형, 교수님, 직장 선배, 동료, 학생까지도 나의 멘토이다. 나이의 많고 적음, 학식의 많고 적음을 떠나 내가 배울 수 있는 대상은 모두 내 멘토이자 롤모델인 것이다. 초일류의 멘토로는 이건희 회장님, 워런 버핏 버크셔해서웨이 회장님도 있다. 지금도 멘토는 계속 늘어난다. 은행에 돈이 쌓이듯이 멘토라는 자산은 계속 쌓인다. 내가 좋은 멘토들과 연결되어 있는 만큼 좋은 에너지와 기회는 더 많이 찾아올 것이다.

1.  오너십이라는 것은 그저 지금 하는 일을 내 일처럼 생각한다는 뜻을 넘어선다. 스스로 차별화를 시키고, 왜 일하는가를 늘 생각하며 일하는 것이 바로 오너십이다. 오늘 내 기술과 노동력을 팔았다 생각하면 장사이고, 내 기술과 노동력을 통해 부가가치를 만들었다 생각하면 그것은 경영이다.

2.  차별화는 마음가짐에서부터 시작한다. 오늘만 대충, 오늘도 무사히 넘기자는 마음가짐에는 내일이란 존재하지 않는다. 초일류에는 늘 차별화가 따라다닌다. "나의 차별화는 무엇인가?"라는 질문을 늘 던져보자.

3.  생각은 글로벌로, 행동은 로컬로 향해야 한다. 미국 기업인 스타벅스는 미국 음료만 팔지 않는다. 스타벅스는 한국에서 현지화된 새로운 메뉴를 계속 개발한다.

4.  질문을 던지는 순간부터 사람은 생각하고 답을 마련하기 시작한다. 질문을 던지지 않으면 생각이 멈춘다. 좋은 질문이 좋은 해답을 찾아낸다. 문제에 대한 정답은 존재하지 않지만, 해답은 늘 만들어낼 수 있다. 지금 하는 일에 'Why?'라는 질문을 던져보자.

5.  멘토를 도우면 멘토가 당신을 도와줄 것이다. 인간관계를 진정성 있게 유지하면 행운을 전달해주는 네트워크로 작용한다. 모든 인간관계를 소홀하게 여기지 마라. 인간관계는 자신을 내어주는 능력에서 시작되는 것이다.

# Chapter 5

## 할아버지의 유산

MAXIMIZE
Your
Life

나의 첫 교육은 집에서 230킬로미터 떨어진 유치원

인도 시골 마을에서 서울대와 하버드까지, 그리고 다시 인도로

물은 낮은 곳으로 흐른다: 70 대 30의 시장

교육은 사회적 균형을 위한 최고의 투자

교육, 최대 자산에 투자하라

# 나의 첫 교육은 집에서
# 230킬로미터 떨어진 유치원


나의 고향은 인도 비하르주 비샨퍼이다. 비하르주는 인도 북부의 동쪽 끝에 있다. 인도에서 12번째로 큰 주이고 인구는 세 번째로 많다. 인도에 창건된 첫 제국인 마우리아 제국 난다 왕조의 발상지였지만, 오랜 가난 앞에서 고대의 영광을 되새겨보는 것은 덧없이 느껴진다. 석가모니가 보리수나무 아래서 진리를 깨우쳤다고 알려진 곳이 비하르주이다.

비샨퍼는 인도 수도에서도 멀리 떨어져 있는 외진 시골 마을이다. 북쪽으로 올라가면 네팔이다. 인도의 시골은 모두 가난한 동네이다. 비포장도로를 끼고 오래전에 지은 집들이 위태롭게 들어서 있다. 비샨퍼는 경제적으로는 매우 낙후된 지역으로 문화나 교육과는 크게 상관없어 보인다. 인

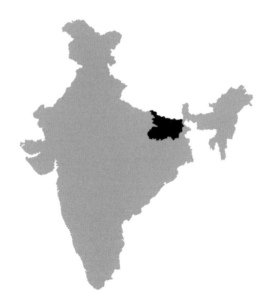

**비하르주 비샨퍼의 지리적 위치**

도에서도 시골 중의 시골로 여기는 곳이다.

내가 여섯 살 때, 할아버지는 내 부모님께 나를 교육시키라고 말했다. 그 당시의 인도, 특히 시골에서는 집안 어른이 지시한 것은 묻지도 따지지도 않고 따라야 하는 문화가 존재했다. 한국도 예전에는 어른들의 말씀에 복종했다고 하니 이와 비슷할 것이다.

그런데 문제가 있었다. 그 지역에 유치원이란 게 없었다. 그나마 가장 가까운 유치원은 230킬로미터 떨어진 곳에 있었다. 그 거리를 통학할 수 없었기에 나는 기숙사에 들어가야 했다. 매우 어린 시절부터 부모와 떨어져서 공부를 시작한 것이다.

유치원 환경은 열악했다. 다 쓰러져가는 시멘트 건물 바닥에 시트를 깔아둔 수준이라고 생각하면 될 것 같다. 에어컨이란 것은 상상도 할 수 없고, 전기조차 잘 안 들어왔다. 이곳에서 기숙사 생활까지 해야 했다. 딱히 할 것도, 즐길 것도 없어서 새벽부터 책 보고 공부하는 것을 유일한 문화생활이자 즐거움으로 삼아야 했다.

할아버지의 말씀을 듣고, 부모님은 처음에 반대하셨다고 한다. 여섯 살짜리 어린아이를 홀로 기숙사에 보내는 것이 걱정되었기 때문이었다. 그러나 할아버지는 강경했다. 교육하지 않으면 희망도 꿈도 없다며 무조건 유치원에 보내라고 하며 뜻을 굽히지 않았다.

지금 부모가 되어보니, 금쪽같은 아들을 멀리 있는 기숙사에 보내놓고 노심초사하셨을 부모님의 마음을 알 것 같다. 사실 나라면 못 보냈을 것이다. 나의 첫 교육은 집에서 230킬로미터 떨어진 곳에서 시작되었다.

부모님은 열심히 돈을 버시며 내가 공부할 수 있도록 뒷바라지하느라 애쓰셨다. 시골 출신이 출세하기란 여간 어려운 일이 아니었다. 지역에서도 공부를 하면 그나마 직업을 얻을 수 있었다. 당시 공무원이나 군인이 되는 것은 좀 나은 선택이었다. 할아버지는 내가 할아버지나 아버지와 같은 삶을 살게 해주고 싶지 않으셨던 것 같다. 할아버지는 내가 어릴 때부터 교육을 받을 수 있도록 강하게 밀어붙였고, 결국 할아버지의 바람대로 되었다. 열악한 환경이었지만, 교육을 빨리 시작하였다.

할아버지 뜻에 따라 교육을 시작했을 때, 아버지는 공무원이 되기 위한 플랜을 세워주셨다. 우선 10학년(중학교 과정)까지 마치고 델리에 있는 가장 좋은 고등학교에 들어간 뒤 인도의 최고 명문대 중 하나인 인도공과대학교에 입학하라고 하셨다. 나는 거기까지는 잘 따랐는데, 공무원이라는 직업이 그다지 끌리지 않아 기업에 취업하는 것으로 희망 진로를 바꿨다.

교육에 대한 할아버지의 의지가 없었다면 나는 어떻게 되었을까? 그리고 아버지가 교육을 적극적으로 지원해주지 않았다면 또 어떻게 되었을까? 나는 아마도 지금 서울에 없을 것이다. 대다수 인도인처럼 시골에서 농사를 짓거나 아버지가 운영하시는 철강 관련 자영업을 이어받아서 그럭저럭 가난하게 먹고살고 있지 않을까?

열정적이고 성실함을 잃지 않으셨던 할아버지와 아버지는 모두 내 삶의 멘토이다. MBA를 마친 뒤, 이건희 회장님을 직접 뵙고 이야기를 나눌 기회가 두 번 있었다. 그때 이건희 회장님이 가장 존경하는 사람이 누구냐고 물어보았다. 나는 아버지의 지도 편달이 오늘날 나를 있게 했다고 대답했다. 그러자 이건희 회장님은 고개를 끄덕였다. 그분도 선대 회장님으로부터 큰 방향과 가르침을 받아서 오늘날 삼성을 일구었다고 생각하는 것 같았다.

할아버지의 과감한 결단, 아버지와 어머니의 헌신 속에 나는 교육을 받고 인생의 기회를 얻을 수 있었다. 나도 누군가가 교육을 잘 받고 인생을 바꾸는 데 이바지해야겠다는 생각을 한다. 그리고 누군가의 멘토로 역할을 해야 할 것이다. 후대에 세상에 기여하는 인재들이 나로 인해 많이 나온다면 그보다 더 기쁜 일은 없을 것이다.

# 인도 시골 마을에서
# 서울대와 하버드까지,
# 그리고 다시 인도로

인도 인구는 14억 명이 넘지만, 평균연령은 28세 정도에 불과하다(2022년 한국의 평균연령은 45세이다). 인구의 60퍼센트이상이 젊은 층이며 그래서 무한한 잠재력을 지니고 있다. 그렇다면 인도에서 젊은이들이 찾아낸 기회는 무엇일까. 바로 교육과 창업이다.

2000년대 초반부터 시작돼 현재까지 이어지고 있는 인도의 창업 붐은 세계 창업 생태계 순위 3위에 올라 있고, 인도의 젊은 천재들은 교육이나 취업과 관계없이 여전히 인도에서 더 나은 삶을 위해 고군분투하고 있다. 인도의 눈부신 성장은 세계에서 인도의 영향력을 더욱 강하게 만들었다. 인도인들은 구글, 마이크로소프트 등 글로벌 기업의 CEO로 활동하고 있고, 2022년 10월 영국에서는 차기 신임 총리로 인도계 리시 수낙Rishi Sunak이 선출되었다.

한편, 외국에서 성공한 수많은 인도계 천재들이 다시 인도로 돌아오고 있다. 그 이유는 무엇일까? 그들은 가장 낮은 곳에 시장이 있다는 것을 알고 있다. 발전을 시작했지만, 여전히 낙후된 곳에 기회가 있다는 사실을 알고 있기 때문이 아닐까?

2023년 5월 11일 KBS1 〈다큐 인사이트〉에서는 이 부분을 집중적으로 파헤쳤다. 나의 모교인 인도공과대학교를 소개하면서 인도에서 사업하고 있는 인도인 CEO들과 나를 다루었다. 그들이 만든 IT 기술들은 여전히 낙후된 시장에서 정확하고 빠른 결제 기술을 적용시켰다. 심지어 길거리에서 수제 오렌지 주스를 파는 노점상도 간편 결제를 이용한다. 거친 길을 달리는 오토바이 택시조차도 스마트폰을

이제는 5루피(약 80원), 2루피(약 30원)같이 소액이라도 상관없이 UPI로 결제할 수 있습니다

**인도에서는 재래시장에서조차 현금을 쓰지 않는다.**
**스타트업이 결제 시스템을 바꿨기 때문이다.**

통해서 호출하고 결제한다. 인도는 이렇게 바뀌고 있다. 서
민 경제의 가장 아래부터 변화하고 있다. 〈다큐 인사이트〉
는 이러한 변화를 담아내었다.

수많은 천재가 낙후된 인도의 모든 것을 바꾸고 있을
때, 나는 다른 곳을 주목했다. 낙후된 교육 시스템을 바꾸

교육을 통해 많은 기회를 받은 나는
교육이 더욱 공평하게 주어져야 한다고 믿는다.

는 것이었다. 나는 팀과 함께 개발한 클래스 사티를 들고 다시 인도로 찾아가 교실을 바꾸기 시작했다. 아이들이 공평한 교육을 제공받을 기회를 제공하는 것이 목표였다. 클래스 사티는 교육 격차가 빚어지던 교실의 풍경을 바꾸어놓았

**클래스 사티를 활용해 수업하는 인도 학생들의 모습이
KBS1 〈다큐 인사이트〉에 방영되었다.
스마트 사티는 낙후된 교실을 스마트 클래스로 바꿔준다.**

다. 그리고 이 모습은 방송을 통해서 전파되었다.

현지에서도 다행스럽게 뜨거운 반응을 보여주었다. 교육을 받아 많은 기회를 얻은 사람으로서, 교육이 공평해지고 격차가 줄어들 가능성을 확인하는 것은 감동적인 일이었다. 내가 가진 기술이 실제 교육 현장에서 교육 격차를 해소하는 데 쓰이고 학생들에게 공평하게 교육이 주어지는 데 활용된다는 것을 직접 보면서 크게 고무되었다. 더욱이 우리 제품이 교육 현장에서 학생들의 흥미와 참여를 이끌어내는 데 유의미한 결과를 만들고 있다는 사실은 나를 더욱 흥분시켰다.

교육을 통해 성장했고, 교육을 통해 많은 기회를 받았던 내가 미래의 주인공인 학생들에게 더 효율적인 학습 기회를 교실 내에서 제공할 수 있다는 데 가슴이 벅찼다.

인도 시골에서 태어난 내가 서울대학교 대학원과 하버드 MBA에서 공부할 수 있었던 것은 나의 노력만으로 이루어진 결과가 아니다. 나를 교육하고자 하는 수많은 사람의 헌신이 있었기 때문이다. 특히 사회와 삼성 같은 기업의 기여가 크게 작용했다. 나는 큰 도움을 받아 공부할 수 있었다.

이제 내가 자라나는 학생들이 교육받고 공부하는 데 도움을 줄 차례이다. 내가 가진 기술을 더 많은 학생이 효과적으로 공부하며 기회를 얻는 데 쓰일 수 있도록 최선을 다할 것이다.

14억의 시장이 펼쳐져 있는 인도의 교육 현장에는 아직도 할 일이 많이 있다. 한국의 높은 교육열과 양질의 교육 노하우는 좋은 기반이 된다. 여기에 태그하이브의 교육 기술을 결합하여 진출한다면 인

2023년 5월 11일
KBS1 〈다큐 인사이트〉
'인도 천재' 2편에
소개된 판카즈 대표

도 시장은 큰 기회를 줄 것이다. 또한, 더 많은 학생이 기술 발전의 혜택을 누리며 교육 격차와 소외를 뛰어넘어 저렴하면서도 품질이 높은 교육을 교실에서부터 받을 기회를 얻을 것이다.

# 물은 낮은 곳으로 흐른다:
# 70 대 30의 시장

인도는 중국과 세계 1, 2위를 다투는 인구 대국이며 세계에서 일곱 번째로 국토 면적이 넓다. 불교와 힌두교의 발상지이지만, 무슬림이 10퍼센트인 다종교 국가이다. 200년 가까이 영국의 식민 통치를 받았으며 사회 양극화가 심해 중상위 30퍼센트와 하위 70퍼센트의 구조로 이루어져 있다.

인도는 계층 간 격차가 심하다. 2009년 아카데미 영화제 8개 부문을 석권한 인도 영화 〈슬럼독 밀리어네어〉에는 인도 최대 빈민가 출신 형제의 이야기가 나온다. 이 영화를 보면 얼마나 많은 하위 계층이 인도에 존재하고 있는지 알 수 있다.

세계은행의 연구에서 인도는 교육의 기회가 가장 불평등한 국가로 나타났다. 아이러니하게도 교육은 인도 경제 성장의 원동력이지만 또 다른 한편으로는 사회 불평등을 고

착시키는 원인이 되기도 한다. 상세히 살펴보면 인도의 상위 20~30퍼센트 부모들은 교육에 관심이 높다. 그런데 나머지 70퍼센트 정도는 당장 먹고사는 데 급해서 교육에 신경 쓸 여력이 없다. 그래서 많은 아이가 제대로 공부하지 못하고 결국 저임금 노동 현장으로 유입된다. 저임금 노동자는 빈곤과 경제적 어려움을 겪으며 가난을 대물림한다. 한편으로는 돈을 쉽게 벌 수 있는 범죄로 흘러들어 가 사회의 불안 요소가 된다.

교실 인프라 차이도 크다. 상류층 대부분은 사립학교에, 나머지는 공립학교에 다닌다. 공립학교가 전체 학교의 70퍼센트 정도이다. 사립학교는 환경이 좋지만, 공립학교는 전기나 인터넷이 연결되지 않은 곳이 부지기수다. 교사들은 학력이 낮고 의욕이 없다. 이런 이유로 교육 격차는 계속 확대된다. 이런 교육 격차는 인도뿐 아니라 전 세계에서 벌어지는 현상이기도 하다. 한국에서도, 동남아시아에서도, 아프리카에서도, 심지어 미국에서도 공통적으로 나타난다.

세계 여러 국가에서 교육 정책은 매우 중요한 이슈가 되고 있다. 인도 정부도 교육 정책에 높은 관심을 가지고 있기에 정부 주도하에 공교육 개혁에 적극적이다. 2020년에는 '인도 국가 교육 정책(NEP-2020)'을 발표했다. 34년 만에 나온 종합 정책이다. 2030년까지 교육 투자액을 국내총생산 GDP의 6퍼센트까지 늘려간다는 계획이다. 지금 기준으로 환산하면 1,900억 달러(약 236조 원) 정도 된다. 특히 디지털 역량 강화에 집중 투자할 계획이란 점이 주목된다.

적어도 국가가 경쟁력을 가지려면 교육의 기회가 국민에게 주어져야 하는데, 인도 정부는 교실 현장에서만큼은 교육의 기회를 제대로 주겠다는 의지를 가지고 있다. 태그하이브의 클래스 사티는 이런 70퍼센트 공교육 현장 시장에 집중하고 있다.

사실 에어컨이 잘 나오는 곳에 선풍기 한두 대 더 설치하는 것은 의미가 없다. 내가 경험했던 열악한 환경을 근본적으로 개선할 때, 진정한 '기술의 맛'를 보여줄 수 있다고 생각한다.

클래스 사티는 인터넷이나 전기가 필요 없다. 선생님 스마트폰 한 대만 있으면 연결해서 쓸 수 있다. 인도는 스마트폰 보급률이 높기 때문에 교실에서 충분히 가능하다. 클래스 사티 클리커는 O·X, 1~5번 숫자 버튼이 있다. 선생님이 퀴즈를 내면 학생들이 클리커로 답을 선택한다. 그 결과가 스마트폰으로 바로 분석되기에 교사는 학생들이 얼마나 이해했는지 즉시 확인할 수 있다.

인공지능이 학생들의 이해도를 바탕으로 적절한 연습 문제도 추천해준다. 출석 확인, 숙제 관리도 가능하다. 자녀의 학습 현황은 학부모에게도 공유된다. 또 한 가지 중요한 점은 이 과정에서 출석, 학습 데이터가 자동으로 한곳에 모인

열악한 교실에서도 클래스 사티로 수업할 수 있다.

다는 것이다. 정부에서 학교별 성취 수준을 파악할 수 있다. 전 국가적으로 교육의 질 향상에 매우 중요한 데이터가 되는 것이다.

수업이 이루어지는 교실을 보면, 적극적인 학생들만 매번 발표한다. 이것은 한국도 마찬가지다. 나머지 소극적인 학생들이 제대로 진도를 따라오고 있는지 선생님이 일일이 파악하기가 어렵다. 클래스 사티는 이런 문제를 해결할 수 있다. 또 임원 선거, 모둠 발표 평가 등에도 활용한다. 교사의 일을 덜어줄 뿐 아니라 교실 내 아이들의 몰입과 참여를 이끌어 수업의 질을 향상시킨다. 교사는 효율적으로 아이들을 가르칠 수 있고, 아이들은 참여와 몰입으로 수업에 집중할 수 있는 것이다.

교사로부터 단순하고 일방적으로 진행되던 기존의 수업과 달리 학생들이 참여하는 양방향 커뮤니케이션 수업으로 진행된다. 재미있고 효율적으로 수업이 이루어져 학습의 질 향상에 큰 도움을 준다. 나아가 학습 참여율과 학업 성취도를 높여 학생들이 학업을 중도에 포기하는 문제를 해결하고, 학교에서도 지속 가능한 교육이 이뤄질 수 있게끔 도와줄 수 있다.

클래스 사티는 70퍼센트에 해당하는 공교육과 열악한 교실 환경을 적극적으로 개선할 수 있게 한다. 그리고 30퍼센트의 상위 계층의 교실에서도 통용된다. 70퍼센트의 가난한 공립학교 교실이든, 30퍼센트의 부유한 사립학교 교실이든 수업에서의 핵심은 학생들의 참여와 몰입에 달려 있기 때문이다. 클래스 사티는 점차 사립학교에서도 확산되는 추세다.

태그하이브라는 기업 입장에서 볼 때, 인도의 교육 시장은 완전한 '블루오션' 상태에 있다. 인도는 150만 개의 학교와 2억 6,000만 명의 학생을 대상으로 하는 세계 최대의 교육 시스템을 운영하고 있다. 인도 공교육의 교육 격차 해소 노력이 진행되고 있음은 태그하이브의 성장으로도 엿볼 수 있다.

태그하이브는 2023년 1분기 약 6억 원 규모의 인도 수

**태그하이브 인도지사 직원들**

**태그하이브 문정동 본사 직원들**

출을 시작했다. 코로나 팬데믹 이후에는 인도 전역의 학교에서 태그하이브 제품 적용이 늘어날 것이고, 수출도 상승할 것이다. 창업 당시 직원이 10명이었는데 지금은 40명이다. 2022년 초에 비해 인원이 3배 이상 늘었고 매출도 거의 10배 이상 증가했다.

물은 높은 데서 낮은 곳으로 흐른다. 기술은 더 겸손히 낮은 곳의 사람과 미래를 향해 흘러야 한다고 생각한다. 인도에는 시장이 있고 한국에는 기술이 있다. 우리의 기술로 열악한 교실에서부터 교육 격차를 해소하겠다는 비전과 미션이 점차 현실이 되고 있다.

# 교육은 사회적 균형을 위한
# 최고의 투자

교육은 균형 사회의 초석이자 진보와 번영의 기반이다. 그런데 코로나 팬데믹으로 교육 격차가 확대되면서 교육 불평등과 불균형이 심상치 않은 수준으로 나타나고 있다. 전염병에서 벗어난 후 사회적 균형을 회복하는 유일한 방법은 교육에 투자하고 교육 격차를 줄이는 것이다.

코로나 팬데믹은 교육 시스템에 전례 없는 혼란을 가져왔다. 원격 학습으로의 갑작스러운 전환은 교육 시스템에 존재하는 뿌리 깊은 불평등을 심화시켰다. 기술에 접근할 수 있는 사람들과 그렇지 않은 사람들 사이의 디지털 격차는 기존의 격차를 더 벌렸다. 기술과 인터넷에 대한 접근성이 부족한 일부 학생들은 온라인 학습에 효과적으로 참여할 수 없었기 때문에 격차가 더 벌어졌다.

또한, 팬데믹은 도시와 농촌, 부유층과 빈곤층, 선진국과 개발도상국 사이에 존재하는 기존 교육 불평등을 더 악화시켰다. 가령 많은 개발도상국에서 학교는 장기간 문을 닫아 수백만 명의 어린이가 교육에 접근할 수 없게 되었다. 반대로 선진국에서는 온라인 학습을 제공함으로써 일부 학교가 새로운 표준에 적응할 수 있었지만, 여기에서도 교육의 질은 사용 가능한 자원에 따라 크게 달랐다.

교육 격차가 너무 극심해졌기에 각 국가의 정부는 사회적 균형을 위해 교육 격차를 줄이는 데 정책의 역점을 두고 있다.

아이들이 인종, 사회경제적 지위, 배경과 관계없이 양질의 교육을 받을 수 있도록 교육에 투자해야 한다. 우리는 어떤 아이도 뒤처지지 않도록 해야 하고, 모든 사람에게 동등한 기회를 제공하려고 노력해야 한다. 적어도 교실 내에서는 말이다.

교육은 미래를 준비하는 유일한 방법이기 때문에 사회 균형을 위한 최고의 투자라고 할 수 있다. 급변하는 현대사회에서 시대에 발맞추는 교육제도가 필요하다. 앞으로의 도전과 기회에 대비할 수 있는 교육 시스템은 물론, 이를 뒷받침할 기술적 노력이 필요하다. 교육은 우리 아이들의 잠재력을 열어주고 그들이 인생에서 성공할 수 있도록 힘을 실어주는 열쇠가 된다.

교육은 사회 발전과 경제 성장의 디딤돌로 널리 인정받

아 왔기에 많은 개발도상국과 저개발 국가뿐 아니라 선진국에서도 교육에 대한 투자를 멈추지 않고 있다. 교육에 투자하는 것이 사회적 균형과 평등을 유지하는 데 중요한 몇 가지 이유가 있다.

첫째, 교육은 빈곤을 줄이고 사회적 이동성을 증진시키는 데 중요한 역할을 한다. 교육은 개인에게 고용을 확보하고, 수입 잠재력을 높이고, 삶의 질을 향상시키는 데 필요한 지식과 기술을 제공한다. 더 많은 사람이 교육에 접근할 수 있게 되면, 국가의 전반적인 경제 생산량이 증가하여 더 번영하는 사회로 만들 수 있다.

둘째, 사회적 안정을 도모하기 위해서는 교육이 필수적이다. 교육은 개인이 비판적 사고 능력과 정보를 분석할 수 있는 능력을 갖추게 하여 정보에 입각한 의견을 형성하고 건전한 결정을 내리는 데 도움을 준다. 교육받은 인구는 민주적 절차에 참여하고 시민 활동에 참여함으로써 사회구조를 강화할 가능성이 더 커진다.

셋째, 교육은 불평등과 차별을 영속시키는 사회적 규범과 신념에 도전할 힘을 가지고 있다. 교육은 이해와 관용을 증진시켜 보다 수용적이고 민주적이고 조화로운 사회로 이끌 수 있다.

교육에 투자하는 것은 사회 균형을 유지하고 경제 성장을 촉진하는 데 필수적임을 의심치 않는다. 교육은 개인에게 성공에 필요한 가치를 제공하고 사회적 응집력과 안정성에 기여하기에 코로나 이후 세계 모든 국가는 보편적인 교육의 기회 확대에 더 힘을 쏟고 있다.

정부와 정책 결정자들은 모든 사람이 양질의 교육에 동등하게 접근할 수 있도록 교육의 우선순위를 정하고, 잠재력을 최대한 발휘하도록 하고 있다. 사회 균형을 이루기 위해서는 인도처럼 7:3의 사회에서 70퍼센트 비율을 차지하는 압도적 다수의 중·저소득층 대상부터 시작하여 교육에 대한 포괄적인 접근이 필요하다. 이를 위해 교사 양성, 기술 인프라, 교육과정 개발 등에 투자할 필요가 있다. 배경과 관계없이 누구나 교육에 포괄적으로 접근할 수 있도록 해야 한다.

교육 격차가 확대되면서 교육 불평등과 불균형이 심각해질 수밖에 없다. 그러나 교육에 투자함으로써 격차를 좁히고 모든 사람에게 동등한 기회를 제공할 수 있다. 교육은 미래를 준비하는 열쇠이며, 모두가 균형 있고 번영하는 사회를 만들 수 있는 유일한 방법이다.

어린 시절 내가 열악한 환경에서 교육받을 수 있었던 것도 누군가의 교육에 대한 열정과 관심이 있었기 때문이다. 교육에 대한 격차 해소에 대해 누군가의 관심과 개입이 없다면 차별과 격차를 당연하게 여기는 불안정한 사회로의 퇴행이 이루어질 것이다.

# 교육, 최대 자산에
# 투자하라

교육은 모든 국가가 가질 수 있는 가장 큰 자산이다. 교육이 진보와 번영이 건설되는 기반이라는 사실은 끊임없이 강조해도 부족하지 않다. 국가와 관계없이 교육은 경제, 사회 및 문화를 형성하는 데 중요한 역할을 한다.

한국은 천연자원이 부족한 불리한 환경에 처했다. 그리고 일제 강점과 6·25 전쟁의 참상을 겪은 세계 최빈국 중 하나였다. 하지만 오로지 인적 자원을 바탕으로 일어설 수 있었다. 한국이 원조받는 국가에서 원조하는 국가로 발돋움한 기적 이면에는 '교육'이 자리 잡고 있다는 사실을 누구도 부인하지 못한다.

교육은 인간의 잠재력을 열어주는 황금 열쇠이다. 교육을 통해 지식과 기술, 가치를 습득해 사회에 긍정적인 기여를 할 수 있다. 교육은 사회적 이동성을 위한 필수 도구이며 빈곤의 순환을 깨는 데 도움이 된다. 많은 나라에서 교육이 최우선순위가 되었다는 것은 놀랄 일이 아니다.

전 세계 여러 나라가 교육에 투자하는 것에 초점을 맞추고 있다. 인도 정부 역시 교육을 경제 성장, 사회 발전, 복지를 달성하는 도구로 중요하게 이해하고 있다. 교육에 투자하는 이점은 다양하다. 교육에 투자하는 나라는 경제성장률이 높고 빈곤율이 낮으며 국민 건강이 좋아지는 경향이 있으며, 국가 경쟁력은 올라간다.

인도 정부가 교육, 특히 공립학교에 투자하기 위해 많은 노력을 기울이고 있는 것도 이 때문이다. 인도 정부는 국민을 빈곤에서 벗어나게 하는 교육의 가치를 인정하면서 교육에 상당한 예산을 할당하기 시작했다. 인도는 투자 증가, 시장 호황 등으로 경제가 급성장하고 있다. 교육 부문도 앞으로 빠른 속도로 성장할 것으로 전망돼 투자자들에게 좋은 기회를 제공할 것이다.

교육에 투자하는 것은 경제뿐 아니라 사회에도 이롭다. 교육은 사회적 응집력과 문화적 다양성을 촉진하는 데 도움이 된다. 교육은 개인이 정보에 입각한 결정을 내릴 수 있게 해주는데, 이는 민주주의를 다시 강화하는 데 도움이 된다. 교육은 또한 계층 간 평등을 달성하고 차별을 줄이는 중요한 도구이기도 하다.

교육은 가장 큰 국가 자산이다. 교육에 투자하는 것은

경제뿐 아니라 사회에도 좋다. 세계 각국은 교육의 가치를 인정하고 이에 대한 투자를 아끼지 않고 있다. 교육에 투자하는 것은 모든 사람이 상생하는 길이다. 국가의 밝은 미래를 확보하기 위해서는 지속적으로 교육에 우선순위를 두는 것이 필수적이다.

앞서 코로나19 이후 교육에 더 많은 투자가 필요함을 강조했다. 실제 많은 나라가 교육 불균형, 교육 불평등, 교육 격차를 인지하고 공교육 현장에서 불평등과 교육 격차를 타파하기 위해 노력하고 있다.

사회적 균형을 이루는 것은 교육 격차를 줄이는 데서 시작된다. 교육에 대한 투자는 불평등 격차를 줄이고 더 공평한 사회를 만드는 데 도움이 될 수 있기 때문이다. 교육은 또한 개인이 교육을 통해 성공의 사다리를 오르게 함으로써 사회적 이동성을 확보하는 기회가 된다.

교육이 우리가 미래를 준비할 수 있는 유일한 도구임을 다시 한번 강조하고 싶다. 세상이 빠르게 변하고 있고, 변화의 속도를 따라잡기 위해서는 교육이 필수적이다. 세계 최강국 미국이라고 다를 것 없다. 미국에서조차 교실에서 수업 격차, 교육 격차는 공교육 최대 이슈가 되고 있다.

교육에 대한 투자는 불평등 격차를 줄이고 더 공평한 사회를 만드는 데 기여한다. 교육은 우리가 미래를 준비할 수 있는 유일한 도구이다. 모든 사람을 위한 더 밝은 미래를 확보하기 위해 교육의 우선순위가 강조되어야 한다. 그렇지 않다면 인류의 미래는 어두울 것이다.

개인이든 국가이든 교육은 최대 자산Greatest Asset이다. 한국에서는 교육을 '백년대계'라고 말한다. 지금 당장 교육 격차를 줄이는 데 투자해야 한다.

1. 오늘날 나를 나답게 만든 첫걸음은 집에서 230킬로미터 떨어진 유치원이었다. 교육을 받으면서 인생이 바뀌었다. 옛 어른들은 알고 계셨다. 교육만이 사람의 잠재력을 이끌어낼 수 있다는 사실을 말이다.

2. 저소득층 공략과 핵심역량 이론으로 유명한 C. K. 프라할라드 Coimbatore Krishna Prahalad 미국 미시간대학교 로스 경영대학원 교수는 피라미드 상위의 10억이 아니라 피라미드 전체의 60억 소비자를 공략해야 한다고 주장했다. 70퍼센트의 인도 공교육 시장은 미개척 분야이다. 그리고 세계의 절반은 아직도 열악한 교실 환경에서 수업하고 있다.

3. 교육은 밸런스 게임이다. 사회적으로 밸런스가 무너지면 그 사회는 유지되지 못한다. 코로나19 팬데믹 사태 이후 세계 교육의 밸런스는 무너졌다. 급기야 각 국가 정부들은 이 불균형, 교육 격차라는 불을 끄기 위해 막대한 예산을 편성하고 있다.

4. 교육은 국가와 개인에게 최대의 자산이다. 교육을 소홀히 할 때, 교육 격차를 못 본 척할 때 국가 경쟁력은 추락하고, 개인의 잠재력은 사장돼버린다.

# Chapter 6

## 사람과
## 미래를 향한 기술

**MAXIMIZE**
**Your**
**Life**

# 마술사 판카즈:
# 상상, 마술, 기술

## 상상을 충족시킨 마술의 시대

과학기술이 발전하지 못했던 시절이 있었다. 비가 오지 않으면 하늘을 향해 비가 오기를 기원하고, 몸이 아프면 마술사를 통해서 자신들의 병이 낫기를 원했다. 하늘은 모두의 염원이 향하는 숭배의 공간이었으며, 마술사들은 마술을 통해서 사람들의 희망을 잠깐이나마 보여주었다. 없던 것을 있게 만들거나 빈 손바닥에서 잠깐 사이에 빵이나 곡물이 생기는 모습을 보여주었다. 마술사들은 하늘을 날거나, 돌멩이가 금덩이로 변하게 만들고, 찢어졌던 종이를 다시 붙게 하고, 불을 붙여 환영을 만들어 보고 싶은 사람들을 만날 수 있게 하였다.

고대의 어느 지역이나 마술사, 마법사, 제사장이라는 이

**IIT Kanpur에서 특강 진행 중 마술 공연**

름으로 신과 통하는 기술을 가진 사람들이 존재했다. 심지어 지금까지도 마술사들은 보통 사람들이 하지 못하는 공중부양이나 물 위를 걷는 마술들을 보여주며 사람들의 원초적 희망을 현실로 보여준다.

연구개발을 하면서 꽉 막히는 순간이 있다. 아무리 머리를 싸매고 연구해봐도 제대로 된 연구의 방향이 나오지 않거나 제자리를 맴맴 도는 듯한 느낌을 받을 때 정말 막막하다.

그럴 때마다 나는 그동안 배우고 연습한 마술을 하나씩 구사해본다. 실제로 나는 한국마술사협회 2급 자격을 가졌으며 정식 회원으로 등록된 마술사이기도 하다. 기존 마술을 연습하고 새로운 마술을 연구할 때마다 상상력이 자극

된다.

마술은 상상의 세계를 현실로 경험하게 해주는 효과가 있다. 기술적 난맥과 만났을 때 마술을 한 번씩 해보면 상상력이 자극되고 이 상상력은 예기치 않은 아이디어를 가져다준다. 사실 마술과 기술은 상상력이라는 하나의 뿌리에서 나온 것이다.

가족들, 가까운 친구나 연구실 사람들에게 그동안 연마한 마술을 보여주며 함께 웃으며 즐거운 시간을 갖는다. 그때 쥐어짜던 머리에서는 상상력이라는 새로운 돌파구가 생겨나며 기술 개발에 아이디어가 튀어나온다.

## 상상력을 현실로 만든 기술의 시대

오늘날 기술은 마술을 현실화한 것에 불과하다. 기술력이 없을 때 사람들의 상상력을 충족시켜주는 것이 마법의 영역이었다면, 오늘날 기술은 과거 마법과 마술의 영역을 현실로 만들어준다.

과거 하늘을 날아다니는 것은 새나 벌레, 혹은 유령만이 가능한 일이었다. 사람들은 마술사들이 보여주는 공중부양 같은 마술을 통해서 상상력을 충족 받았다. 하지만 오늘날 마술사들만 날아다니는 것이 아니다. 누구나 비행기를 타고 원하는 곳으로 날아가 몇 시간 만에 순간 이동을 할 수 있다. 비행기로 서울에서 제주도 가는 시간은 50분이면 된다. 일본까지는 2시간이면 충분하다.

나는 한국에서 일하지만, 아버지의 얼굴이 보고 싶으면 언제든 휴대폰으로 영상통화를 한다. 인도에 계신 아버지의 얼굴을 보며 안부를 나눌 수 있다. 시간과 공간을 초월해서 말이다.

마술사들이 텔레파시를 이용해 다른 사람과 소통하듯이, 우리는 전화를 통해서 멀리 떨어진 사람들과 상세하게 이야기할 수도 있다. 과학기술이 발전하면서 〈해리포터〉 시리즈에 나오는 날아다니는 빗자루가 현실화되었다. 개인용 드론이 하늘을 날고 있다. 마술사의 펜이 알아서 편지를 써주는 마술은 이미 Chat GPT 같은 인공지능으로 현실이 되었다. 이처럼 마술과 기술은 '상상력'이라는 뿌리를 공유하고 있다.

나는 언제 어디서든, 필요하다면 약간의 준비와 함께 마술을 보여준다. 가족들에게도, 회사에서도 마술을 통해서 딱딱하게 굳어진 상상력의 세계를 다시 한번 펼쳐본다. 우리가 상상하는 모든 것은 기술을 통해서 현실화될 수 있다.

마술의 시대에서만 가능하던 것들은 과학기술의 시대에 거의 모두 현실로 이뤄질 수 있다. 우리에게 가장 중요한 것은 앞으로의 미래를 상상하는 것이다. 이미 와버린 미래에도 상상력은 필요하다.

과학과 기술의 시대에도 중요성이 변하지 않는 것은 상상력이다. 상상력은 교육의 도움을 받는다. 따라서 교육이 이뤄지는 교실이 필요하다. 또한, 이런 교실에서 누구나 소외됨 없이 공부할 수 있어야 한다. 교실에서 누구나 빠짐없이 즐겁게 수업에 참여하도록 하겠다는 상상력은 지금 현실로 더욱 정교하게 발전해나가고 있다.

# 교육 격차가 만드는
# 불평등에 눈감지 마세요

최근 들어 '흙수저', '금수저' 같은 말이 더욱 널리 사용된다. 이것은 계층의 대물림 현상을 상징한다. 부모의 사회·경제적 지위에 따른 교육 격차의 심화가 결국에 취업과 임금 격차의 확대로 이어지고 있다. 이것은 우려가 아니라 현실이다.

인도의 학생은 2억 6,000만 명에 달한다. 학생 수만 한국 인구의 5배다. 교육 환경은 열악하다. 대부분 공립학교 교실에는 인터넷과 전기가 공급되지 않는다. 자연히 학업 성취도, 진학률도 낮다.

인도는 중앙정부와 주정부가 공동으로 교육의 지역 격차를 줄이고 모든 계층에게 균등한 교육 기회를 제공하며 국가의 사회적 요구에 부응하는 인적 자원을 개발하기 위해 국내총생산의 6퍼센트를 교육에 투자한다는 계획이다.

인도에서는 영어, 힌디어, 주 언어 등 3개 언어로 14세까지 무상 의무교육을 한다. 언어적 다양성, 복잡한 문화 및 사회 환경으로 인해 초중등 교과서는 주에서 제작하여 배포한다. 전국 초중등 교육의 통일성을 유지하기 위해 인도 교육연구기술위원회에서 영어와 힌디어로 국가 교과서를 편찬하며, 각 주에서도 이것을 모델로 삼아 교과서를 제작하여 출판한다. 한국의 경우 지역이 아닌 출판사별로 교과서를 발행하는데, 이 점에서 인도와 차이가 있다.

인도는 연령에 따라 다양한 교육 혜택을 제공하고 있다. 모든 주에서 6~11세 학생에게 무상 초등교육을 제공하고 있으며, 대부분의 주에서 12~14세 학생에게 보조금 교육을 제공하고 있다. 정부는 지정 카스트(헌법에 따른 최하위 카스트)에 속한 아동에게 무료 중등교육을 제공한다.

문제는 교육이 이뤄지는 교실 내에서의 격차이다. 대다수의 공교육 교실은 학생 수가 많고 교사의 수가 부족하다. 교사는 과중한 업무에 시달린다. 교사가 교실 내 모든 학생에게 관심을 기울이지 못하고, 자연스럽게 수업에 소외되는 학생이 생겨난다. 이것은 바람직하지 못하다. 적어도 교실에서 수업할 때 선생님이 아이들을 가르칠 수 있는 효율성은 극대화되어야 하며, 수업 시간만큼은 아이들 모두가 참여하고 몰입할 수 있어야 한다. 한 명도 소외되지 않고 모두가 교과과정에 참여할 수 있다면 얼마나 좋을까?

교실에서부터 시작된 교육 격차는 점점 간격을 벌려서 계층의 대물림을 강화한다. 교육 격차의 심화가 결국에 취업과 임금 격차의 확대로 이어지면서 세상은 점점 더 불공평해진다.

인도는 19세 이하 인구가 5억 명으로 전체 인구의 45퍼센트를 차지할 만큼 젊은 국가이지만, 지방 초등학생의 절반가량이 글자를 제대로 읽지 못하는 등 과제가 산적해 있다. 모디 정부는 2020년 국무회의를 통해 인도의 국가 교육 정책National Education Policy, NEP을 심의하고 승인했다. 2030년까지 3세에서 18세에 이르는 아동과 청소년 100퍼센트를 대상으로 중등교육까지 의무교육을 실시한다는 내용이다. 그리고 2030년까지 교육 투자액을 국내총생산의 6퍼센트까지 늘려갈 계획이다. 약 1,900억 달러(약 236조 원) 정도의 재원이다. 특히 디지털 역량 강화에 집중 투자한다는 방침을 가지고 있다.

인도 정부뿐 아니라, 한국을 포함한 세계 여러 국가가 코로나 이후 극심해진 교육 격차를 해소하기 위한 노력을 기울이고 있다. 교육 격차가 만드는 불평등은 이미 입증된 것이고, 이것을 방치한다면 큰 사회적 손실과 비용으로 이어질 수 있음을 알기 때문이다. 교육 격차가 만드는 불평등에 더 이상 눈감지 않는 것이 시대적인 요구가 된 것이다.

# 낮은 곳에서
# 사람을 향하는 기술

## 가장 낮은 곳에서 통하는 기술은 어디서든 통한다

내가 인도에서 받았던 교육의 수준과 형편을 상기해보면
'어떻게 저렇게 배웠을까?' 하는 생각밖에 들지 않는다. 책상
도 의자도 없는 조악한 교실 바닥에 앉아 공부했다. 그런 학
교에 가려고 차 타고, 배 타고 통학을 해야 했던 시절도 있
었다.

그때는 열악함을 잘 몰랐지만, 지금 생각하면 어떻게 살
았나 하는 생각밖에 들지 않는다. 인도를 떠나 미국, 독일,
스위스, 한국에서 일하고 공부하다 보니 아직도 바뀌지 않
는 인도의 교육 현장이나 교실에 대해 답답한 마음이 드는
것이 사실이다.

나는 가장 낮은 곳에서 통할 수 있는 기술이라면, 어느

클래스 사티는 한국 교실에서도 효과적으로 사용되고 있다.

## 3. 리모컨 등록

### [교사용 리모컨]

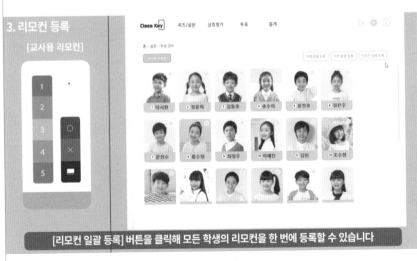

[리모컨 일괄 등록] 버튼을 클릭해 모든 학생의 리모컨을 한 번에 등록할 수 있습니다

클래스 사티는 '클래스 키'라는 이름으로
한국의 학교 수업 현장에 사용되고 있다.

곳에서도 통할 수 있다고 생각한다. 인도 70퍼센트 공립학교에서 통할 수 있는 기술이라면 한국이든, 미국이든, 동남아시아든, 아프리카든, 유럽이든 어느 공교육 교실에서도 통할 수 있다고 본다.

클래스 사티가 개발된 지 벌써 6년이 되었다. 심플한 모양에 단순하게 작동하는 클래스 사티는 한국의 교육 기업을 통해서 '클래스 키'라는 제품으로 한국 공교육 시장에 소개되고, 납품되고 있다. 한 반 학생 중 한 명도 소외되지 않고 참여할 수 있다는 점과 수업 시간에 전적으로 몰입할 수 있다는 점이 강점으로 꼽히며 한국 교실에서 사용되고 있다.

한국도 교육의 불균형과 불평등 현상 극복에 대단한 관

**한국 교실에서 사용되는 클래스 사티(클래스 키)**

심을 가지고 있다. 특히 코로나 이후로 심해진 K-양극화가

교육으로 번지면서 정부 차원의 대책을 마련하는 중이다.

**인도에서 교육 환경의 격차는 매우 크다.**
**다른 제3세계 국가들도 이와 비슷할 수 있다.**

## 가난한 교실과 부자 교실 모두에 통용되는 기술

클래스 사티는 교실 혁신을 생각하기에 앞서서 '사람을 향한다'는 점을 알리고 싶다. 플랫폼에는 인공지능 기술도 적용되고 있다. 아무리 인공지능의 기술이 적용될지라도 사람이 없는 인공지능은 의미가 없어 보인다. 우리는 미래 세대에게 가장 중요한 '교육'이라는 부문에서 첨단 기술을 적용시키되 사람을 소외시키지 않고, 사람을 중심에 세우려 한다. 궁극적으로 사람을 향하는 기술을 지향한다. 클래스 사티를 통해 선생님은 불필요한 단순 노동과 시간 소모를 줄일 수 있다. 학생들은 각자 주어진 리모컨형 버튼(클리커)을 통해서 수업에 100퍼센트 참여하며 집중하고 몰입하는 게 가능해진다.

아주 쉽다. 간단한 조작만으로 선생님도, 어린 학생들도 수업에 참여할 수 있다. 교실에 전기가 들어오지 않아도, 인터넷이 없어도 오래된 스마트폰만 있어도 구동이 될 수 있기에 확장 가능성은 매우 크다.

아직도 세계의 절반은 전기와 인터넷이 들어오지 않는 환경에서 교육을 받고 있다. 사회가 부자 교실과 가난한 교실을 나누고 있을 때, 우리는 가난한 교실 수업에 쓸 수 있는 기술과 부자 교실 수업에 쓸 수 있는 기술은 동일하다고 생각하며 인간을 향한 기술을 지향한다. 더 나아가 궁극적

**인도에는 고등학교 교실에서도 전기가 들어오지 않아
햇빛에 의존하여 수업하는 곳이 아직도 많다.**<sup>*</sup>

으로 불평등을 유발하는 교육 격차가 기술에 의해 그 차이
를 줄여나갈 수 있다고 믿고 있다.

　우리가 개발하는 교실 혁신 플랫폼 기술은 더 본질적 문
제를 해결하기 위해 더 궁극적으로 사람을 향한다.

*　이미지 출처: 삼성 뉴스룸. https://news.samsung.com/kr/

# Expect
# the unexpected

2013년, 『이건희 개혁 20년, 또 다른 도전』(조일훈 지음, 김영사)이 출간되었다. 1993년 6월, 이건희 회장의 '신경영 선언' 이후 20년 만에 눈부신 성장을 넘어 세계 초일류 기업으로 성장한 삼성의 저력에 대해 기술한 책이다.

**2013년, 삼성 개혁 20주년에 맞춰 발간된 책.**
**내가 계속 공부한 책이기도 하다.**

기술력과 자본이 빈약하여 글로벌 시장에서 존재감이 미미하던 삼성이라는 브랜드는 최고의 전자 회사로 우뚝 섰다. 삼성전자는 도시바, NEC, 히타치, 소니, 파나소닉, 필립스, 샤프, 노키아, 에릭슨, 모토로라, 애플 등 수많은 강자가 명멸했던 정글에서 전자부품과 세트 사업을 동시에 석권하는 기적을 이루었다.

이 책이 만들어질 무렵 나는 삼성전자 미래혁신Future Innovation그룹 과장이었는데, 이 책의 한 꼭지를 장식할 수 있어 영광스럽게 생각한다. 「내 고향은 인도, 또 다른 고향은 삼성」이라는 주제로 삼성에서 근무해온 소회와 이건희 회장님과의 면담 이야기, 세계 초일류로 변화해가는 현장에서 느낀 혁신 등에 대해 썼다.

나는 스스로 행운아라 느낀다. 1993년 이건희 회장의 '신경영 선언' 이후 세계 초일류 기업으로 우뚝 서가는 삼성의 현장을 생생히 경험했기 때문이다. 신경영, 세계 초일류 경영이 어떻게 혁신을 만들어내는지 일선 현장에서 직접 부닥치며 느꼈다. 이것은 어쩌면 하버드 MBA보다 더 값진 배움이기도 하다.

예측할 수 없음을 예측하고, 비전을 실현함으로써 그 불확실성을 채워나간 삼성의 경영전략은 나의 경영철학에 큰 영향을 주었다.

창업 후 스타트업 경영자로 활동해보니 비즈니스 세계에

서 불확실성은 유일한 상수였다. 성공할 수 있는 유일한 방법은 이 불확실한 시대를 어떻게 항해하는가에 달렸다. 개발자의 시각에서 세계는 무엇이든 예측 가능한 세계였지만, CEO가 되어보니 비즈니스 세계는 불확실성으로 가득 차 있었다.

새로운 기술이 등장하며 시장이 바뀌고, 뜻밖의 사건이 산업 전체를 뒤흔들 수 있다. 그러나 성공한 사업은 이런 불확실성을 포용하고 그 안에서 번성하는 사업이었다. 그들은 보장된 결과와 같은 것이 없다는 걸 이해하고 변화하는 상황에 적응할 준비가 되어 있었던 것이다. 이건희 회장님의 삼성 역시 앞에 펼쳐진 불확실성과 매우 치열한 싸움을 펼쳤을 것이다. 그리고 불확실성과의 치열한 전쟁 결과는 '세계 초일류'라는 승전보였다는 사실을 믿어 의심치 않는다.

이처럼 불확실성을 탐구하는 능력은 오늘날의 비즈니스 세계에서 필수적인 듯싶다. 변화, 창의성, 위험 감수에 개방적인 사고방식이 필요하다. 이러한 특성을 받아들이는 사업은 가장 성공적일 것이다.

인도인으로, 인도 시골에서 자라 초일류 삼성을 거쳐 한국에서 사업을 하는 내가 불확실성을 탐구하는 열쇠 중 하나는 긍정적으로 '불확실성을 기대하는 것'이었다. 내 인생 자체가 불확실성이었기 때문이다. 인도에서는 무엇이든 불확실하다. 언제 기차가 올지 모르고, 언제 비행기가 연착될

지 모른다. 이런 탓에 나는 삼성 입사 3차 면접을 놓칠 뻔
했다.

**Hello Team,**

안녕하세요, 판카즈 대표입니다.

우선, 한국의 가장 큰 명절인 설날을 맞아, 축하의 말씀드리고, 여러분과 가족들
모두에게 새해 인사를 전합니다.

새해 복 많이 받으세요!!!

저는 여러분 각자가 회사의 리더이고, TagHive를 성장시키는데, 중요한 역할을
하고 있다고 믿습니다. 지난 몇 주간 고민했던 것을 나누고자 합니다.

저는 여러분과 함께, 사람을 최우선으로 하는 초강력 학습플랫폼을 만드는 목표를
달성하고자 합니다. 이것을 위해, 제 스스로 다짐하였고, 지난 시간 고민을 정리하여,
다음의 2가지 큰 방향을 함께 공유하려고 합니다.

Recalling(our purpose, vision and core values)

- Purpose : 우리의 목적은 교육 현장에서의 주체들이 효과적이고, 효율적으로
  교육과 학습을 이어갈 수 있도록 도움을 주는 강력한 제품을 만드는 것입니다.
  One Saathi를 통하여, 다양한 컨텐츠와 기술들이 우리가 목적하는 바를
  고객들에게 충분히 전달할 수 있을 것이라고 확신합니다.
- Vision : 2025년까지, 5만개 이상의 교실과 200만명 이상의 학생들이 우리의
  제품을 사용하게 될 것입니다. 지난 해, 우리는 작은 팀으로 인도 전역의 2천개
  이상의 교실에 우리의 제품을 전달하였고, 다양한 파트너들을 발굴하였습니다.
  여러분들을 시작으로, 더 큰 팀이 만들어질 것이고, 그 팀을 통하여, 우리의
  비전이 반드시 이뤄질 것이라 확신합니다.
- Core Values : "진실, 신뢰, 존경, 성실, 탁월함과 헌신" – 저는 우리가 지금까지
  우리의 핵심가치를 위해 노력했는 지를 돌아보게 되었고, 이러한 핵심가치가
  팀을 하나로 뭉치게 했으며, 우리와 관련한 다양한 이해관계자들을 하나로
  이어주는 통로가 되었다고 믿습니다.

Recalibration(my mindset and approach)

- Make a Promise : 저는 우리의 핵심가치를 지키고, 우리의 목적과 비전을
  달성하기 위해, 절대 타협하지 않을 것을 스스로에게 약속합니다.
- Shift the Focus : 저는 제가 만든 기능이나 학교를 방문하는 등의 프로젝트
  결과에 만족하는 것이 아니라, 결과의 품질에 끊임없이 집중할 것입니다.
  예를 들면, 결과는 무엇인가요? 고객이 새로운 기능을 좋아할까요?
  학교를 방문했을 때, 학교에 도움이 되었나요? 등의 질문을 지속적으로
  할 것입니다.
- Pace Up : 작업의 품질을 떨어뜨리지 않으면서도, 꾸준한 속도를 유지해 나갈
  것입니다. 그렇지 않으면, 언제든 뒤쳐질 수 있다는 위기감을 가질
  것입니다.

여러분 모두가 TagHive의 리더와 같은 "Temperature(온도)"를 유지하고, 나아가
더 큰 확신과 자부심을 가지고 앞으로 전진하시기를 응원드립니다.
새롭게 재부팅하고, 계획하는 유익한 시간을 보내시기 바랍니다.

모든 것에 항상 감사드립니다.
태그하이브 판카즈 대표

**직원들과 함께 주기적으로 대표의 생각과 고민, 그리고 비전을 공유한다.**

시장 변화든, 세계적인 전염병이든 모든 것을 준비해야 한다. 이것은 가능한 모든 시나리오에 대한 계획을 세우고 즉시 적응할 준비가 되어 있다는 것을 의미한다. 불확실성을 탐구하는 것은 의외의 상황에 대비하는 것이 아니라 불확실성 자체를 받아들이는 것이라 생각한다.

기업은 위험을 감수하고 새로운 것을 시도하며 변화에 민감해야 한다. 좋은 질문을 던져 교과서에 없는 창의적인 해답을 만들어가는 시대가 되었기 때문이다. 창의력은 기업들이 오래된 문제에 대한 새로운 해결책을 찾고 새로운 도전에 대처할 수 있는 혁신적인 방법을 고안할 수 있게 해준다.

비즈니스 세계에서는 불확실성을 탐구하는 데 일률적인 접근이 없다. 리더십과 창의성, 위험 감수라는 독특한 조합이 필요하다. 하지만 한 가지 확실한 것은 명쾌한 정답이 없다는 것이다. 비즈니스 세계는 끊임없이 진화하고 있고 어제 정답이던 대답은 내일 오답이 될 수도 있다. 사업에서 '의외의 일을 기대한다'는 생각이 중요한 이유가 이것이다. 불확실성은 두려워할 것이 아니라 탐구해야 할 것임을 받아들여야 한다.

오늘의 불확실한 경영계에서 성공의 열쇠는 의외의 것을 기대하는 것이라 생각한다. 기업은 자기 길에 닥쳐올 수 있는 모든 것에 대비해야 하고, 즉각 적응할 준비를 해야 한다. 불확실성의 세계에서 답을 찾을 수 있는 능력은 차별화하는 것이다.

세계는 불확실성으로 가득 차 있다. 여기서 살아남는 유일한 방법은 아무도 기대하지 않는 것을 기대하는 것이다. 그것은 상상력의 영역이다. 기업은 자신이 갈 수 있는 모든 여정을 준비해야 하고, 변화와 혁신을 받아들여야 하며, 역경에도 불구하고 탄력을 유지해야 한다.

태그하이브는 불확실성이 가득한 시대에 창업되었다. 아무리 훌륭해도 외국인에게는 대출조차 안 되는 척박한 한국 상황에서 회사 업력을 이어왔다. 판교에서 근무할 때 천재 개발자라 불리던 많은 외국인이 2년 만에 모두 짐을 싸고 한국을 떠났다. 창업 이후 코로나 팬데믹을 만나 3년간 암흑 같은 터널을 지났다.

우크라이나-러시아 전쟁이라는 국제 정세의 변화도 비즈니스 세계의 예측하지 못한 변수가 되었다. 한국은 지구상의 유일한 휴전 국가이고, 나는 인도인으로 예측 불가의 인도를 떠나 또다시 예측 불가의 한국에서 사업하며 시장을 확대하고 있다. 그럼에도 불구하고 한국에는 기술이, 인도에는 시장이 펼쳐져 있기에 예측 불가능하던 코로나 팬데믹 상황에서도 사업은 성장했고, 한국과 인도, 두 곳에 40여 명의 직원을 둔 기업으로 커나가고 있다.

태그하이브의 기술은 본질적으로 사람과 교육이라는 '본질'을 향하기 때문에 그 불길이 쉽게 꺼지지 않으리라 확신한다. 과거이든, 현재이든, 미래이든 본질은 변하지 않기 때문이다.

1.  우리는 더 큰 미래를 상상해야 한다. 마술사가 하늘을 나는 상상을 자극했고, 신적인 능력을 소환했듯이. 사람의 기술은 상상력을 기반으로 불가능한 것을 현실로 만들어준다. 마술과 기술은 상상력이라는 한 뿌리에서 나왔다.

2.  교육 격차는 결국 불평등이라는 모순을 낳는다. 최소한 교실 안에서만큼은 교육 격차라는 문제를 해결해나가야 한다. 교육 격차가 만드는 전 세계적인 불평등에 눈감지 마라. 그래야 우리의 미래 세대를 좀 더 낫게 만들어줄 수 있다.

3.  기술은 궁극적으로 사람을 향할 때 비로소 완성된다. 사회는 계층별 격차를 나눌 때, 태그하이브의 기술은 사회가 나눈 격차를 줄여나가는 중이다.

4.  불확실성을 타파하는 유일한 길은 본질에 집중하는 것이다. 4차 산업혁명이라는 회오리바람의 한복판일지라도, 교육과 사람은 영원한 본질이다.

# Giving Back:
# 나는 큰 선물을 받은 사람

여러분은 인도 비하르주 비샨퍼 시골 마을에서 태어나 230킬로미터 떨어진 유치원에서 공부를 시작하고 인도공과 대학교를 거쳐, 서울대학교 대학원과 하버드 MBA에서 공부하고 삼성전자에서 일하다가 서울에서 스타트업을 창업한 인도인의 이야기를 읽었다. 어떤가?

바쁜 하루하루가 이어지는 내 삶은 과거와 미래를 오가는 것처럼 느껴진다. 인도에서 창문으로 들어오는 햇빛에 의지해 전기도 없는 교실에서 수업 받았을 때는 마치 에디슨이 전기를 발명한 그 시절의 과거나 산업화가 한창 진행되던 18세기를 살던 기분이었다. 하지만 미국이나 독일, 한국에 살면서 미래로 온 듯한 기분이 들었다.

스위스와 독일에서 인턴 근무를 하던 때에도 선진화된 사회가 어떤 곳인지 일부 경험해봤다. 하지만 본격적으로는 삼성이 열어준 기회를 얻어 한국에 와서 거주하고 공부하며 연구소에서 일할 때 선진화를 실감했다. 엄청나게 빠른 한국이라는 나라를 경험했고, 쾌적하고 좋은 인프라와 성실한 사람들, 빠르고 안전한 사회 시스템은 물론 삼성전자의 초일류 문화를 체험했다.

이어서 삼성의 지원으로 외국인 최초로 미국 하버드 MBA 프로그램을 이수했다. 이때 워런 버핏을 만나고 돌아와 이건희 회장님을 만나서 이야기를 나누는 영광을 얻었다. 시대의 거인들을 만나 대화할 때 나는 비로소 내가 21세기를 넘어 미래를 살아가고 있음을 느꼈다.

삼성전자가 있는 수원에서 살면서 결혼도 하고 아이들을 낳았다. 그 아이들이 어느덧 대학생이 될 준비를 하고 있고 나 역시 40대가 되어 삶의 중간을 지나고 있다. 사람들은 나를 보고 중년이라 부른다. 2023년 현재 한국 생활이 19년 차로 접어든다. 사람들은 '인도 출신 에듀테크 창업 1호 CEO'라고도 부르며, '한국 최초 인도인 CEO'라고도 부른다.

하지만 국적은 아무 의미가 없는 시대이다. 나의 꿈과 열정, 그리고 세상을 더욱 나은 곳으로 만들겠다고 하는 미션을 담은 회사와 제품은 코로나 팬데믹 사태 3년을 뚫고 인도와 한국 시장으로 뻗어나가고 있다.

이건희 회장님이 가르쳐주신 혁신과 차별화, First Class

란 무엇인지, 워런 버핏이 가르쳐준 가치와 철학이 이끄는 삶이 무엇인지 이제야 조금씩 감이 잡히는 것 같다.

이화여자대학교에서 강의하면서 그 내용을 글로 정리해야겠다는 생각을 해왔지만 쉽지 않았다. 새벽에 일어나 문정동 사무실로 출근하여 오늘 할 일을 점검하는 것을 시작으로 숨 가쁘게 일해야 했기 때문이다. 회사생활로 바쁘고 수많은 연구과제를 수행하는 동안 글을 쓸 여력이 생기지 않았다. 이제야 가까스로 글을 마무리한다.

한국어 실력이 부족한 탓에 영어로 먼저 책을 쓰려고도 생각했었다. 하지만 내가 사는 곳이 한국이고 한국에서 스타트업을 하고 있으며, 한국인 임직원분들과 함께 일하고 있는 이상 한국어로 된 책을 먼저 내는 게 순서라는 결론에 도달했다.

수없이 많이 적어온 엑셀 시트에 기록된 내용과 그동안 여기저기 흩어져 있던 사진, 언론과 뉴스 자료를 보고 정리하면서 글의 윤곽을 잡았고, 이화여자대학교에서 강의할 때 받은 피드백, 멘토와 멘티 관계까지 모두 되새겨보았다.

인도인으로 한국어 책을 내자니 표현이 어색하여 회사 직원들이나 지인들과 이야기하면서 한국식으로 어떻게 표현해야 할지를 숱하게 의논했다. 이렇게 내게 절대적으로 부족한 한국어를 보완하여 정리할 수 있었다. 주로 업무가 다 끝난 후에 이야기를 나눴기에 윤경호 차장님은 나의 집필

기간에 퇴근이 늦어졌다. 이것이 매우 죄송스럽고 또한 감사하다.

책으로 정리해보니, 엑셀 시트로만 정리하던 것과는 다소 다르게 느껴졌다. 글을 쓰면서 내가 처음 한국에 오던 시기부터 아버지의 가르침, 돌아가신 어머니, 인도에 계신 가족들, 아내, 자녀들까지 한 사람, 한 사람이 다 떠올랐다. 그리고 지금 함께 태그하이브에서 일하고 있는 임직원들 사진도 하나씩 돌아보는 시간이 되었다.

소중한 어머니는 2년 전에 돌아가셨고, 아이들은 거의 다 컸으며, 나의 머리에는 흰빛이 언뜻언뜻 보인다. 전과 비교할 수 없이 가족의 중요성, 건강의 중요성, 일의 중요성을 느끼며 점점 커나가는 회사에 대해 더욱 큰 책임감을 절감한다.

내가 원하든, 원치 않든 시간은 계속 흐르고, 우리는 언젠가 내 어머니처럼 지구라는 세상을 떠난다. 그렇다면 내가 남길 수 있는 미래를 위한 유산은 무엇일까?

아무리 생각해도 지금의 나를 만든 '교육' 외에는 없어 보였다. 그래서 미래를 위한 유산으로 나의 기술을 교육에 쏟을 것이며, 우리의 기술력으로 사회적·교육적 격차를 해소하는 데 기여해야 한다는 다짐으로 가득하다. 이것이 내 삶을 이끌어주는 비전이자 태그하이브의 미션이기도 하기에 지금까지 충실하게 한 방향으로 걸어왔다.

아직 태그하이브와 내가 갈 길은 멀다. 지난 3년간 코로나 팬데믹으로 6년의 기간 중 3년을 왕성하게 활동하지 못했다. 그럼에도 불구하고 직원은 10명에서 40명으로 늘었고, 한국과 인도 학교 납품은 늘어났으며, 모두가 외면해왔던 70퍼센트의 인도 공교육 시장을 점진적으로 선점해나가고 있다.

기회가 있는 만큼 위기도 공존하고 있지만, 꺼지지 않는 열정과 비전이라는 북극성이 있는 한 미래 세대를 가르치는 교육과 그 격차를 해소하는 기술에 대한 열정은 쉽게 흐려지지 않을 것이다.

돌이켜보면 나는 많은 선물을 받은 사람이다. 인도로부터, 삼성으로부터, 한국으로부터 크고 많은 선물을 받았다. 어떻게 생각하면 인도 시골에서 태어나 농사를 짓거나 그럭저럭 대학을 나와 아버지의 사업을 물려받아 자영업을 했을지도 모를 내가 삼성을 만나 월드 클래스의 사업에도 참여해보았고, 하버드 MBA에서 공부했고 삼성으로부터 스핀오프(분사)하여 태그하이브라는 회사를 만들어 CEO로 일할 기회를 누린 것은 내가 받은 크나큰 선물이다.

삼성에 비하면 태그하이브는 너무 작아서 사회에 어떻게 기여해야 할지 모르겠지만, 적어도 회사를 잘 운영하여 어느 정도 사람이 많아지고 커지면 그 안에서도 새로운 스타트업이 생겨나고 또다시 분사하여 사회와 인류에 기여하는 회사로 성장할 것을 기대한다.

나의 꿈과 비전과 사명이 담긴 교육에 대한 기술력으로 좀 더 낮은 곳에서 겸손하게 다음 세대를 교육하는 데 우리의 기술력을 극대화하고 싶다.

한국은 나의 제2의 고향이다. 낯선 인도인에게 따뜻한 사랑과 기회를 준 한국 사회에도 기여해야 한다고 생각한다. 제일 먼저 교육의 격차를 해소하는 나의 사명과 비전이 한국의 교실에서도 실현되기를 고대하고 있다. 한국에서도 교육 격차를 해소할 수 있다면, 한국의 혜택을 받은 나로서는 더없이 큰 영광이 될 것이다.

그다음 기회가 된다면 현재 스타트업 경영자로, 인도에 진출하려는 한국 회사들을 돕고 싶다. 나는 인도인으로서 한국과 인도 시장을 동시에 본다는 큰 장점을 갖고 있다. IT 강국인 한국과, IT 인프라와 인구가 동시에 갖춰진 인도 시장에 모두 접근할 수 있는 건 아주 특별한 강점이다. 유망한 기술을 가진 상황에서 시장의 사이즈를 더 넓히고 싶은 한국 회사들에게 인도 시장을 성공적으로 연결시키는 긍정적 역할을 하고 싶다.

태그하이브는 실제로 40여 명 직원 중 절반 이상이 인도지사에서 근무한다. 개발자 2명을 뽑는 데 100명 중에 고를 만큼 '인재 풀'이 넓은 게 인도이다. 임금도 싼 편이고 한국 회사에서 일할 기회를 준다는 점이 인도 개발자들에겐 큰 매력으로 작용한다. 이것이 태그하이브의 경쟁력이기도 하지만, 인도를 잘 모르는 한국 기업들에게도 이런 부분을 경쟁력으로 안겨주는 도움을 주고 싶다.

개인적으로 에듀테크 기업 태그하이브의 미래를 매우 밝게 전망하고 있다. 인도 150만 개 학교 중 100만 개가 공립학교다. 재단에서 관리하는 사립학교에 비해 공립학교는 인프라가 열악한 편이다. 정부가 관리하는 공립학교는 진입 장벽이 높고 변화에 대한 의지가 크지 않아 속된 말로 시장을 뚫는 일은 쉽지 않았다. 하지만 인도 내에서의 'MADE IN KOREA'라는 이미지가 긍정적으로 작용했기에 태그하이브의 인도 공교육 시장 진출과 선점이 가능했다.

또한, 인도는 성공적으로 안착한 민주주의 덕에 공정한 경쟁이 보장되고, 절반 이상의 인구가 30대 이하 젊은 층인 데다가, 중산층이 늘어나면서 서비스와 제품에 대한 수요도 매우 많아지고 있다. 인도의 창업 생태계 내에서 내가 주목한 것은 민주주의Democracy, 인구Demography, 수요Demand 이렇게 3D이다. 인도는 고령화되는 다른 국가에 비해서 3D 이 세 가지가 갖춰져 있다는 점이 최고의 강점이므로 이런 매력적인 인도 시장을 대상으로 활동하는 태그하이브는 한국의 스피드와 기술력, 신뢰도라는 측면에 힘입어 빠르게 인도 시장을 점유해나갈 것이다.

한국 창업 생태계에서는 속도Speed, 똑똑하고 훈련된 인재Smart & Skilled people, 잘 갖춰진 체계Systematic & Process-oriented, 즉 한국의 3S가 충족된 상태이다. 인도의 '3D'와 한국의 '3S'가 합쳐지면 강력한 시너지를 낼 수 있다. 침체일로에 놓여 있는 한국 경제와 기업들에게 인도는 또 다른 기회가 되지 않을까?

시장이 있는 인도, 기술이 있는 한국, 양국 사이에서 내가 할 수 있는 일, 한국과 인도 사회에 기여할 일이 점차 많아질 것이라 확신한다.

나는 이제 삶이라는 긴 마라톤에서 막 중간지점을 지나고 있다. 대학생 때는 안 보이던 것이, 40대가 되니 비로소 보이는 시작한다. 한 사람이 성장하기까지 가족과 학교, 사회 등의 수많은 사람의 헌신이 있었다. 마찬가지로 한 기업이 탄생하기까지 수많은 사람의 기여와 노력이 들어가 있는 것임을 깨닫게 되었다. 어떤 사람도, 어떤 기업도 혼자서 탄생하고 성장할 수 없다. 사람이든, 기업이든 크게 받았다면, 크게 돌려드리는 것이 옳다.

개발자에서 삼성 직원으로, 그리고 기업인으로 성장하며 지금까지 크게 받은 것들을 사람을 향하는 기술과 미래를 여는 플랫폼으로 크게 돌려드리겠다고 다짐한다. 물론 이를 위해 인기가 아닌 성과로만 평가받는 CEO가 되어 회사의 영원한 목적인 초일류 기업을 만들고 성장시키는 것이 나의 과제임을 잊지 않고 있다.

한국 사회에, 인도 교육계에, 그리고 한국 스타트업 생태계에 기여할 방법은 많다고 생각한다. 실제 한국과 미국을 오가며 일해왔고 미국 실리콘밸리에서 훌륭한 CEO들을 만나 이야기할 기회가 많았다. 한국의 실리콘밸리라 말하는 판교에서 창업 초창기를 보내기도 하였다. 한국의 창업 생태계가 글로벌화되지 못하는 이유가 무엇인지를 알고, 외국인으로서 한국에서 일하는 고충도 겪어서 안다. 이런 경험들을 바탕으로 한국 스타트업 생태계 발전에 기여할 수 있기를 희망한다.

한국에서 사업하는 인도인으로 한국과 인도의 가교 역할을 충분히 해낼 자신감이 있을뿐더러 한국과 인도 양국에 기여하고 싶은 생각과 아이디어가 넘쳐나는데, 사업을 하면서 하나씩 이런 긍정적인 활동을 펼치고자 한다.

나는 많은 선물을 받은 사람이다. 그래서 줄 것이 많은 사람이 되고 싶다.

아버지의 가르침은 아직도 내 가슴속에 생생하게 남아 있다.

"판카즈, 네가 받은 것 이상으로 돌려줘라. 시간 생각하지 말고 10배, 100배는 일하거라."

# 부록

판카즈 대표의 〈Maximize Your Life〉
Zoom & 학교 및 기업 강연 문의: pankaj@tag-hive.com

# MAXIMIZE YOUR LIFE!

PANKAJ AGARWAL (판카즈)
HARVARD MBA

June 8, 2023

---

## INTRODUCTION

### Professional

#### Work Experience

CEO (Since 2017)
TagHive is Education
Technology Company

Roles in 10 Years Experience
Engineer, Manager,
Staff, Creative Leader

#### Education

MBA, Harvard ('12)
MS, Seoul National University ('06)
B.Tech, IIT Kanpur, India ('04)

### Personal

#### Family

Married since 2005, 2 kids (17살, 12살)

#### Interests

Reading Books (1/week)
Investing
Magic

## MEMORIES (1/3)

2007: Korean Speech Contest

2008: 미남들의 수다 (KBS)

2013: Profile Featured in Korea Herald

2014: Brief Profile

TAGHIVE

## MEMORIES (2/3)

Meeting Chairman Lee, Samsung Group

Launching TagPlus

Sharing my portfolio with
Mr. Warren Buffett

Top 10 Innovators Under 35

Blessings from CFO, Samsung
Electronics

TAGHIVE

## MEMORIES (3/3)

스마트 스쿨 솔루션으로 인도 교육환경 개선할 것

## HOW DO I KEEP THE BALANCE?

| PROFESIONAL | PERSONAL |
|---|---|
| JOB | FAMILY |
| NETWORKING | HOBBIES |
| .... | .... |

## LESSON #1

**"DEFINE IMPORTANT THINGS EARLY ON IN LIFE. FINE TUNE THEM AS YOU GROW."**

#SUCCESS FOR **YOU**

#HAPPINESS FOR **YOU**

#LEGACY FOR **YOU**

TAGHIVE

## LESSON #2

**"REPORT TO YOURSELF EVERY WEEK"**

#WORK / CAREER

#FAMILY

#FINANCIAL

#SPIRITUAL

#NEW SKILL / PERSONAL GROWTH

#OTHER THINGS THAT MATTER

**#ALWAYS ASK – HOW AM I MAKING A POSITIVE DIFFERENCE TO THIS WORLD ?**

TAGHIVE

# "HAVE A WIP* VISION/MISSION FOR YOURSELF"

#PROFESSIONAL SIGNATURE

#YOUR "ONE THING" (I AM ..... )

#SELF REFLECTION

*: Work In Progress

TAGHIVE

# "HAVE MENTORS & ROLE MODELS"

#IDENTIFY THEM

#CREATE EXCUSES TO MEET OFTEN

#ASK QUESTIONS

#TALK/SHARE

#SEE HOW YOU CAN HELP (GIVE/TAKE)

TAGHIVE

# "FOCUS ON CREATING TANGIBLE VALUE.DIFFERENTIATE YOURSELF."

#YARDSTICKS TO MEASURE VALUE/INFLUENCE

#PATENTS

#PUBLICATIONS

#PROTOTYPES

#COMPANIES

#SOMETHING NEVER DONE BEFORE

TAGHIVE

# "NETWORK! RELATIONSHIPS MATTER IN THE LONG RUN"

#GO TO CONFERENCES, EVENTS

#MEET NEW PEOPLE AND START ENGAGING

#CALL YOUR FRIENDS AT REGULAR INTERVALS

#ALWAYS BE WILLING TO HELP

TAGHIVE

# LESSON #7

THE FOOL DIDN'T KNOW
IT WAS POSSIBLE,

SO HE DID IT.

## "ALWAYS STAY POSITIVE.
## BELIEVE ME, ANYTHING IS POSSIBLE"

#NEVER GIVE UP

#WHATEVER HAPPENS, HAPPENS FOR GOOD

#WHATEVER DOESN'T HAPPEN, HAPPENS FOR BETTER

TAGHIVE

---

# Y.O.L.O.
## YOU ONLY LIVE ONCE

감사합니다. ^^

Am active on LinkedIn.
For more info, please contact me at pankaj@tag-hive.com

# 채용 & 인턴십

태그하이브의 채용 & 인턴십은 항상 열려 있습니다.
상시 채용과 인턴십 관련하여 아래 이메일로 문의 및 지원해주세요.

이력서, 포트폴리오.

## 태그하이브 혜택 및 복지

- 외국인 대표 및 해외 지사 등 글로벌 work place, 완전 스타트업처럼,
  주도적이고 자유로운 근무환경

- 4대 보험 / 스톡옵션 / 청년내일채움공제 지원(대상자)

- 업무 관련 교육 / 자기계발 도서 구입비 지원

- 휴가는 언제나 원할 때 자유롭게 사용. 눈치 보지 마세요~~~

- 저녁 회식 전혀 없음, 주 1회 맛집이나 피자로 함께하는 점심 식사 제공

- 팀 단합을 위한 미팅, 식사 비용은 100퍼센트 지원

- 무제한 당 충전과 카페인 충전: 고급 커피 머신과 무제한 음료, 간식 제공

서울특별시 송파구 송파대로 201 테라타워2 B동 604호

KOREA Suite B-604, Tera Tower 2, 201 Songpa-daero,
Songpa-gu, Seoul, Republic of Korea - 05854

Call Us India: +91 78272 31612 Korea: +82 2 881 5248

채용 & 인턴십 문의: saathi@tag-hive.com

# 당신의 삶을 최대화하라

**1판 1쇄 인쇄** 2023년 8월 10일
**1판 1쇄 발행** 2023년 8월 21일

**지은이** 아가르왈 판카즈

**펴낸이** 최준석
**펴낸곳** 한스컨텐츠
**주소** 경기도 고양시 일산서구 강선로 49, 404호
**전화** 031-927-9279 **팩스** 02-2179-8103
**출판신고번호** 제2019-000060호 **신고일자** 2019년 4월 15일

**ISBN** 979-11-91250-11-4 (03190)

책값은 뒤표지에 있습니다.
잘못 만들어진 책은 구입하신 서점에서 교환해드립니다.